"十四五"职业教育国家规划教材

电子商务类专业创新型人才培养系列教材

# 移动电商 基础与实务

慕课版 第2版

许应楠 刘婷 周萍/主 编
童红兵 张少茹 戴月 丁明华/副主编

ELECTRONIC
COMMERCE

人民邮电出版社
北 京

**图书在版编目（CIP）数据**

移动电商基础与实务 ：慕课版 / 许应楠，刘婷，周萍主编. -- 2版. -- 北京：人民邮电出版社，2022.5
电子商务类专业创新型人才培养系列教材
ISBN 978-7-115-58735-0

Ⅰ. ①移… Ⅱ. ①许… ②刘… ③周… Ⅲ. ①移动电子商务－高等学校－教材 Ⅳ. ①F713.36

中国版本图书馆CIP数据核字(2022)第031476号

## 内 容 提 要

　　本书以增强读者的移动电子商务创新创业能力为目标，根据"全面了解、重点掌握"的原则，全面、系统地介绍了移动电子商务相关知识。全书共 8 章，具体为认识移动电子商务时代、移动电子商务的价值链与商业模式、内贸移动电子商务平台及应用、跨境移动电子商务平台及应用、移动营销、移动支付、移动电子商务数据分析、移动电子商务客户关系管理。其中重点介绍了跨境移动电子商务平台 Wish 的开店流程、开展移动营销的模式和工具、移动电子商务数据分析等内容。读者能够在了解移动电子商务知识的基础上，进一步增强移动电子商务的实际应用能力。

　　本书可以作为高等职业院校电子商务、移动商务专业相关课程的教材，也可以作为电子商务从业者的参考书。

◆ 主　　编　许应楠　刘　婷　周　萍
　　副 主 编　童红兵　张少茹　戴　月　丁明华
　　责任编辑　白　雨
　　责任印制　王　郁　彭志环

◆ 人民邮电出版社出版发行　　北京市丰台区成寿寺路 11 号
　　邮编　100164　　电子邮件　315@ptpress.com.cn
　　网址　https://www.ptpress.com.cn
　　三河市兴达印务有限公司印刷

◆ 开本：787×1092　1/16
　　印张：12.5　　　　　　　　　　2022 年 5 月第 2 版
　　字数：325 千字　　　　　　　2025 年 6 月河北第 9 次印刷

定价：42.00 元

读者服务热线：(010)81055256　印装质量热线：(010)81055316
反盗版热线：(010)81055315

# 前　言

党的二十大报告关于"加快发展数字经济，促进数字经济和实体经济深度融合，打造具有国际竞争力的数字产业集群"等系列重要论述，为我们深刻阐明了数字经济在党和国家推进中国式现代化过程中的重大战略地位，为我国数字经济高质量发展指明了前进方向、提供了根本遵循。

电子商务在我国数字经济中占据重要地位，不断催生新业态引领数字经济发展。而随着移动智能终端的普及，我国移动电子商务用户的消费习惯逐渐形成。

为顺应移动电子商务市场的需求与发展，越来越多的企业纷纷布局移动电子商务，众多新型移动电子商务购物平台不断涌现。随着近年直播电商市场爆发，移动电子商务交易规模不断升级。在此背景下，全面了解移动电子商务发展现状、商业模式、应用领域、应用技巧等知识，是人们从事电子商务工作的基础，也是高等职业院校电子商务人才培养的新需求。本书以提升读者的移动电子商务创新创业能力为目标，详细介绍了移动电子商务的主要应用领域、商业模式、短视频营销、直播营销、数据分析、客户关系管理等内容。

本书本着"全面了解、重点掌握"的原则，从移动电子商务内涵着手，从移动电子商务发展现状与趋势、价值链与商业模式、内贸平台应用、跨境平台应用、移动营销、移动支付、数据分析、客户关系管理8个方面，介绍了移动电子商务的相关知识，重点分析了内贸平台应用、跨境平台应用、移动营销、移动支付等内容，具体包括企业自建移动电子商务体系、移动社交电商平台、跨境移动电子商务平台Wish的详细开店流程、短视频营销和直播营销方法、主流移动营销工具等。

为适应当下移动电子商务人才培养的新需求，本次修订对第1版教材进行了以下3个方面的升级优化。

## 1. 灵活融入价值教育

本书增加了素养拓展等特色小栏目，引导读者学好移动电子商务相关知识和技能，并培养读者诚信服务、操守为重等职业素养。

## 2. 紧扣行业发展趋势

本书紧跟移动电子商务行业发展前沿，吸纳短视频营销、直播营销等新内容，进一步拓宽读者的知识面和视野，致力于培养读者的技能素质和综合能力。

### 3. 配套立体化教学资源

本书配套丰富的立体化教学资源，包括慕课视频、教学PPT、教案、教学大纲等，读者可以登录人邮教育社区（www.ryjiaoyu.com）免费下载资源。同时，扫描右侧二维码进入"人邮学院"，可以免费观看慕课视频。

本书建议学时为48～64学时，具体学时分配如下。

慕课视频

人邮学院

学时分配表

| 章号 | 课程内容 | 学时 |
| --- | --- | --- |
| 第1章 | 认识移动电子商务时代 | 4～6 |
| 第2章 | 移动电子商务的价值链与商业模式 | 4～6 |
| 第3章 | 内贸移动电子商务平台及应用 | 8～10 |
| 第4章 | 跨境移动电子商务平台及应用 | 6～8 |
| 第5章 | 移动营销 | 8～10 |
| 第6章 | 移动支付 | 8～10 |
| 第7章 | 移动电子商务数据分析 | 4～6 |
| 第8章 | 移动电子商务客户关系管理 | 4～6 |
| | 课程考评 | 2 |
| | 学时总计 | 48～64 |

本书由许应楠、刘婷、周萍担任主编，童红兵、张少茹、戴月、丁明华担任副主编，郑敏、梁丽、袁琳琳、刘海明也参与了本书的撰写。在本书编写过程中，苏州市吴中区西山碧螺春茶厂提供了大量的资料、文献、案例等素材，很多一线企业运营人员也提供了大力支持和帮助，在此一并表示感谢！

由于编者水平有限，书中难免存在不妥之处，恳请广大读者批评指正。

编　者
2023年12月

# CONTENTS

////////// 目 录 //////////

# 第1章

## 认识移动电子商务时代

**知识结构图** ↓

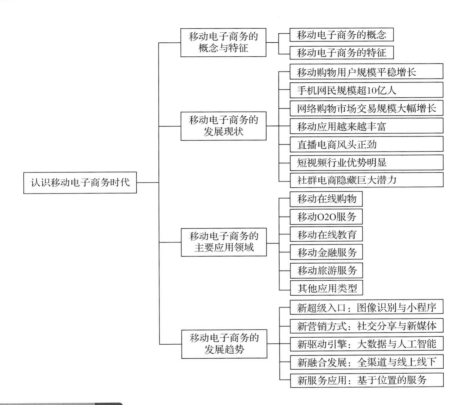

**学习目标** ↓

- 掌握移动电子商务的概念与特征。
- 了解移动电子商务的发展现状及发展趋势。
- 掌握移动电子商务对人们日常生活的影响。

扫一扫

学思融合

**素养目标** ↓

- 了解移动电子商务对社会经济发展的重要性，探索利用移动电子商务实现自我价值和社会价值的方式。
- 培养科学思维和创造性思维，增强对我国移动电子商务行业发展的信心。

**导入案例**　　　　　　　　淘宝的移动电子商务蓬勃发展

目前，淘宝逐渐从 PC 端向移动端发展，阿里巴巴也不断开发新的移动端应用程序（App），形成阿里矩阵，如图 1-1 所示，包括手机淘宝、手机天猫、支付宝、一淘、点淘等。

图1-1　阿里矩阵

阿里矩阵中有以下几点值得注意。

（1）从业务来看，第三方商家入驻后，淘宝的各种营销活动收益仍然是平台的主要赢利点，淘宝注重企业店铺入驻，有向 B2C 倾斜的趋势。

（2）从布局来看，阿里巴巴在天猫中加入了跨境电子商务业务——天猫国际；同时，为提升用户的一站式服务体验，建立了天猫超市。

（3）根据移动端的特点，阿里巴巴加入了带有移动特性的盈利增长点。例如，移动端支付业务——支付宝、移动端直播业务——点淘。

整体来看，淘宝已打破单纯的 C2C 模式，涵盖了 C2C、B2C、O2O、移动社交和移动支付等多种模式。目前，淘宝成为阿里巴巴主要业务的统一流量入口。

# 1.1　移动电子商务的概念与特征

## 1.1.1　移动电子商务的概念

移动电子商务（Mobile e-Commerce，简称移动电商）目前仍处于不断发展中，还没有形成公认的、全面的、统一的定义。不过综合目前已有的定义，无论是从什么角度出发，其核心概念基本保持一致，那就是移动电子商务是一种电子商务活动，这种电子商务活动是通过移动智能终端与互联网结合进行的。下面从广义和狭义两个角度对移动电子商务进行定义。

从广义角度来看，移动电子商务是依托移动互联网，由智能手机、便携式计算机等移动通信设备与无线上网技术结合构成的电子商务体系，其中包括各种电子商务活动。

从狭义角度来看，移动电子商务是指使用智能手机，通过移动互联网以及无线互联网进行信息交流和交易的商务活动。

## 1.1.2　移动电子商务的特征

相比传统的使用PC端和互联网进行电子商务活动，使用移动通信设备和移动互联网进行电子商务活动在互动性、便利性和个性化等方面更有优势，这也可以看作移动电子商务与传统电子商务的区别。移动电子商务的特征主要表现在以下几个方面。

### 1. 碎片化

在移动电子商务时代，人们可以利用碎片化的时间购物，通过搜索引擎、即时通信等多种方式获取信息。加之现在生活节奏加快，人们更趋向于利用碎片化的时间来获取信息。例如，人们在吃饭时会翻看手机，在等公交车时会翻看手机。人们获取信息的途径变得简单，获得的信息增多，于是时间碎片化、阅读碎片化、体验碎片化成为移动电子商务时代的主要特征。

### 2. 内容核心化

移动新媒体的不断发展，促使人们更加关注优质内容。在移动电子商务时代，谁能打造出更有价值的内容，谁就可能在市场中抢占先机。需要注意的是，移动电子商务时代赋予了"内容为王"全新的内涵，那就是内容要普适性强、传播度高及短小精悍。只有把握了这些特征，移动电子商务才能打造出引发大众关注的内容，并借此实现自己的营销目的。

一直以来，电子商务都是流量变现的不二之选。如今，不少短视频、直播平台不断创新商业模式，深度参与乡村振兴。例如，抖音短视频盛行，降低了自然风光的传播门槛，为文旅扶贫带来了新机遇，四川稻城、山西永和等地都在抖音中走红，网络直播、短视频平台逐渐成为正能量充沛的新媒体阵地。

### 3. 社交紧密化

手机基本的通信功能满足了用户的社交和沟通需求，特别是智能手机中的各种社交软件，更凸显了移动端的社交属性。如今，在移动互联网上导入社交化的元素，并将社交场景和用户连接起来，已经成为移动电子商务发展的趋势。

移动互联网的到来直接推动了移动电子商务的发展，各种新兴的移动社交软件爆发式增长，商家和用户之间的沟通方式越来越多，如QQ、微信、微博、抖音等。在移动社交媒体上，用户能随时享受商家提供的服务，而商家也能随时了解用户的需求，这样的沟通方式使商家与用户之间的联系变得更加紧密。

### 4. 服务个性化

服务个性化是指用户可以根据自己的需求和喜好来定制服务和信息，并根据需要灵活选择访问和支付的方式，设置个性化的信息格式。

移动电子商务的发展带动了各类App的爆发式增长。目前，我国电子商务App市场无论是从市场规模还是从应用数量来看都已位居世界领先水平。正是App的应用彰显了移动电子商务的个性化服务，每一款App都能为用户带来特定的个性化服务，更重要的是能为用户解决实际问题。

 思维拓展

大家享受过移动电子商务的哪些个性化服务？你对哪些个性化服务的印象比较深刻？

### 5. 定位精准化

定位精准化是指商家和用户能够获取或提供移动端的位置信息，并能提供或获取与位置相关的各类信息服务。目前，与定位技术相关的商务应用已经成为移动电子商务领域中的一个重要组成部分。

移动电子商务是基于移动状态的服务，即可以方便地实现定位和跟踪，提供与位置相关的交易等服务或产品，这也是传统电子商务无法做到的。创新工场创始人认为，移动互联网区别于传统互联网，一定要利用"移动"的专长，而地理位置的定位就是"移动"非常有价值的专长之一。创新工场创始人说："当你知道地理位置了，你就可以知道你的朋友是否在附近，附近有什么好吃的，或者哪个商场里面有什么东西在打折——你可以想象基于地理位置的各种应用。为用户提供的服务应该是很体贴地把他所需要的东西呈现在他的面前。"

### 6. 支付便捷化

移动支付也称手机支付，用户可以随时随地完成必要的电子支付。移动支付主要分为近场支付和远程支付两种。所谓近场支付，就是用手机扫码的方式坐车、买东西等，很便利。远程支付也称线上支付，是指利用移动终端通过移动通信网络接入移动支付后台系统（如网银、电话银行等）进行支付，如掌中付推出的掌中电商、掌中充值、掌中视频等都属于远程支付。

### 7. 用户规模化

中国互联网络信息中心（China Internet Network Information Center，CNNIC）发布的第48次《中国互联网络发展状况统计报告》显示，截至2021年6月，我国网民规模达10.11亿人，较2020年12月增长2 175万，互联网普及率达71.6%，较2020年12月提升1.2个百分点。移动电话基站总数达948万个，较2020年12月净增17万个。2021年上半年，移动互联网接入流量达1 033亿GB，同比增长38.7%。从计算机和移动电话的普及程度来看，移动电话的普及程度远远超过了计算机的普及程度；从用户消费能力来看，手机用户包含了消费能力强的中高端用户，而传统的上网用户以缺乏支付能力的年轻人为主。由此不难看出，以移动电话为载体的移动电子商务不论在用户规模上，还是在用户消费能力上，都优于传统电子商务。

### 8. 技术创新化

移动电子商务领域涉及无线通信、无线接入、软件开发等技术，并且其商业模式更加多元、复杂，因而在此领域内更容易产生新的技术。随着我国5G、人工智能、虚拟现实（Virtual Reality，VR）等技术的发展和普及，这些新兴技术将转化成更好的产品或服务，所以移动电子商务领域将是下一个技术创新的高地。

移动电子商务不仅是一种利用互联网直接购物的方式，还是一种全新的销售与促销渠道。它全面支持移动互联网业务，可以实现对多种服务的电子支付。移动电子商务不同于目前的销售方式，它能充分满足消费者的个性化需求，设备的选择以及提供服务与信息的方式完全由消费者自己控制。移动电子商务与传统电子商务的区别在于服务对象的移动性、服务要求的即时性、服务终端的私人性和服务方式的方便性等方面。

**思维拓展**

移动电子商务是一种全新的销售与促销渠道。对于互联网营销而言，移动电子商务是如何创新现有的营销模式的？

**课堂讨论**

随着移动电子商务的高速发展，越来越多的企业开始意识到移动营销的重要性。公开资料显示，在开展过互联网营销的企业中，35.5%的企业同步进行了移动营销推广。请收集两个移动营销案例，并分析其营销过程和技巧。

# 1.2　移动电子商务的发展现状

## 1.2.1　移动购物用户规模平稳增长

中国互联网络信息中心发布的第48次《中国互联网络发展状况统计报告》显示，截至2021年6月，我国网络购物用户规模达8.12亿人，较2020年12月增长2 965万人，占网民整体的80.3%。另外，截至2020年12月，我国手机网络购物用户规模达7.8亿人，较2019年12月底增加0.73亿人，如图1-2所示。移动端用户体量趋于饱和，我国网络购物市场移动端渗透已经基本完成，成为用户进行网络购物最主要的渠道。2020年第二季度，移动购物月活跃用户人数（Monthly Active User，MAU）保持在9亿以上的高位，如图1-3所示，移动电子商务渗透率达到全球领先水平。

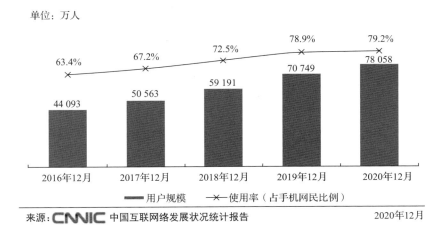

图1-2　2016年12月—2020年12月手机网络购物用户规模及使用率

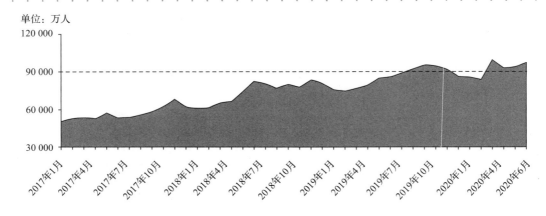

图1-3　2017年1月—2020年6月移动购物月活跃用户人数走势

## 1.2.2　手机网民规模超10亿人

CNNIC发布的第48次《中国互联网络发展状况统计报告》显示，截至2021年6月，我国手机网民规模近10.07亿人，较2020年12月增长2 092万，网民中使用手机上网的比例为99.6%，与2020年12月基本持平，如图1-4所示。

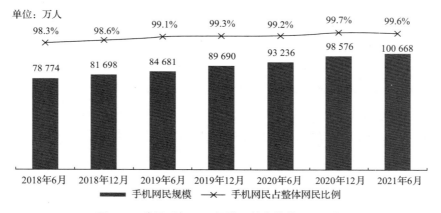

图1-4　我国手机网民规模及其占整体网民比例

随着移动通信网络环境的不断完善以及智能手机的进一步普及，移动互联网应用逐渐渗透到用户的各类生活需求中，促进了手机上网使用率的增长，使网民的上网设备进一步向移动端集中。另外，随着5G时代的全面到来，移动互联网用户规模将达到一个新的量级，移动互联网将基本实现对全体网民的覆盖，届时用户的互联网行为也将从"上线"变成"永远在线"。

## 1.2.3　网络购物市场交易规模大幅增长

国家统计局发布的数据显示，2015—2020年我国网络购物市场交易规模呈现连续增长趋势，虽然2017年后交易规模增长幅度逐渐减少，但增速仍然在10%以上。2020年我国网络购物市场规模仍然保持增长，达到了11.76万亿元，同比增长10.6%，如图1-5所示。

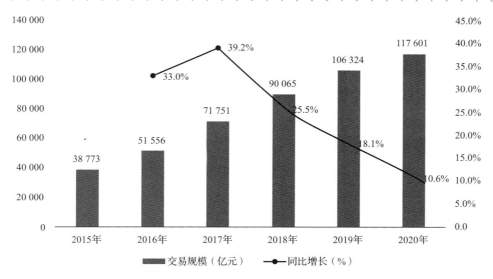

图1-5 2015—2020年我国网络购物市场交易规模及同比增长

另外，随着移动智能终端的普及，我国移动电子商务用户消费习惯逐渐形成，传统电商巨头纷纷布局移动电子商务，众多新型移动电子商务购物平台不断涌现。数据显示，我国移动电子商务市场交易额从2013年的2 679亿元增长至2019年的67 580亿元，我国移动电子商务市场交易额持续保持增长。

## 1.2.4　移动应用越来越丰富

随着移动智能终端日益普及，购物、聊天社交、旅游出行、交通导航、金融理财、教育培训、新闻阅读等移动应用不断丰富。《2020中国移动应用市场生态洞察报告》显示，截至2020年7月，游戏类应用为规模最大的移动应用，在全部移动应用中占26.1%，而日常工具类、电子商务类、生活服务类应用占比分别位于第2位、第3位、第4位，但社交、教育、视频等其他类的应用占比也超过40%，移动应用呈现类别多元化的特点，如图1-6所示。

图1-6 2020年7月中国移动应用类别分布

**思维拓展**

移动应用在2016—2020年飞速发展，在后续发展过程中依然会是各方巨头争相抢夺的阵地。在如此激烈的竞争环境中，移动应用未来可以从哪些方面增强竞争力？

## 1.2.5 直播电商风头正劲

2016年3月，蘑菇街正式上线直播入口，我国直播电商由此起航。5年的高速发展历程中，众多平台先后入局直播电商行业。一方面，传统电子商务平台主动拥抱直播这一强互动性工具，"电商+直播"推动图文货架式电商向直播电商转型；另一方面，娱乐社交平台力图以电商赋能直播流量变现，"直播+电商"拓展了直播娱乐、资讯属性之外的营销职能。36氪研究院发布的数据显示，我国直播电商发展经历了初探期、加速期、爆发期3个阶段，如图1-7所示。

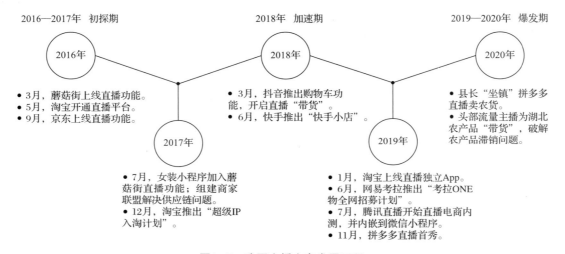

图1-7 我国直播电商发展历程

对消费者而言，他们更期待能够在短时间内迅速捕捉到全面的商品信息。直播媒介的出现，将平面信息立体化、直观化，更能满足消费者的需求。一方面，主播对商品全方位的展示，在一定程度上可以帮助消费者规避商品详情页的"文字陷阱"与"图文不符"风险；另一方面，主播对商品的介绍、描述以及对消费者问题的实时回答，可使商品信息"语言化"，相较于图文形式，"语言化"的商品信息更易被消费者捕捉和接受。

同时，网络购物与直播观看习惯的培养，也为直播电商的蓬勃发展奠定了坚实的消费者基础。CNNIC发布的数据显示，近年来，网购人数与直播观看人数均实现稳步增长。CNNIC和36氪研究院发布的数据显示，截至2020年6月，直播观看人数与网购人数分别达到5.62亿与7.49亿（见图1-8），在网民群体中的渗透率分别为59.79%与79.68%。作为直播与电商融合的产物，直播电商更易被网民所接受。

图1-8 2017年6月—2020年6月我国直播观看人数与网购人数变化情况

《2020年中国移动互联网趋势洞察报告》显示，2020年直播电商用户规模突破3亿人，投融资金额超过15亿元，资本竞相追逐。同时，直播电商赛道巨头盘踞，主播竞争激烈，马太效应凸显。随着资本、政策、用户、参与者持续涌入直播电商，该行业呈多元化发展态势，从直播商品种类、主播类型、直播内容到直播场景与形式，均有望得到拓展。

## 1.2.6 短视频行业优势明显

我国短视频行业自4G网络开始普及后便实现了高速发展，并且诞生了抖音、快手等数亿用户量级的平台，这些平台在移动互联网时代建立起了强大的影响力。到了2020年，短视频行业已经进入沉淀期，新进入赛道的平台发展难度逐渐加大，而头部平台的规模优势显现，并且相继寻求资本化道路，行业竞争格局分明，如图1-9所示。

图1-9 2011年至今我国短视频行业发展历程及特点

艾媒咨询发布的数据显示，有70.9%的受访网民使用过抖音，52.3%的受访网民使用过快手，37.6%的受访网民使用过哔哩哔哩，如图1-10所示。

抖音和快手都是短视频行业的早期进入者，发展至今已经积累了一大批用户。抖音依托内容推荐机制提高用户留存率，并围绕话题刺激用户自发参与及分享，增强品牌与用户间的互动性，提高品牌的用户黏性。快手背靠腾讯生态，依托腾讯的流量优势、资金优势打造自身生态，同时依托人工智能技术优势增强企业营销核心竞争力。微视聚焦短视频领域，为用户提供"智策、智选、智投"三大产品体系，以一站式社媒投放服务助力广告主通过短视频获得优质的销售转化。

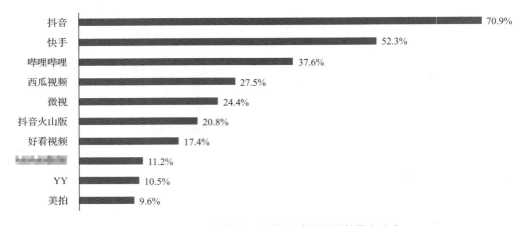

图1-10  2020年我国网民使用过的短视频平台分布

目前，短视频内容同质化现象严重，短视频平台面临高品质内容输出压力；优质关键意见领袖（Key Opinion Leader，KOL）资源筛选、监测较困难，广告主难以选择最优KOL进行品牌营销，易导致内容投放低效、重复等困境。

随着短视频行业进入精细化运营阶段，短视频平台将优化平台内容输出能力。优质内容的输出将进一步吸引广告主增加投放预算。同时伴随TrueView广告投放方式的营销效能逐步释放，短视频营销模式优化升级，广告主在短视频平台的营销投放预算增加，短视频营销行业营收规模持续扩大。《2020年中国短视频营销行业概览》显示，2024年短视频营销行业市场规模（按营收额计）将突破250亿美元。

## 1.2.7  社群电商隐藏巨大潜力

随着移动电子商务的发展，社群电商应运而生。作为社交电商的"新风尚"，社群电商是基于社交属性建立的圈层信任链，社群在以内容获取关注的过程中，间接形成了一种难得的价值认同，相当于将分散的潜在用户重新归集在一起。社群电商与社群用户之间的情感维系和道德情怀，极大地减少了不诚信行为的发生。以口碑传播为首要推广渠道的社群电商直接决定了市场的未来发展空间，因而高度重视产品质量和用户体验。

《2019年社群电商年度生态报告》显示，2019年是社群电商的爆发年，以华南、华东、华中为主力地区，社群电商的爆发有赖于移动支付的普及和供应链物流设施的日渐完善。在新零售、O2O等新模式的助力下，广州等一线城市迅速收获优质流量，全国二、三线城市硬件设施逐步跟上，形成对消费者需求的快速响应能力，减少了供应链节点企业之间的交易成本，提高了供应链的效率。

社群电商热门消费品类集中在日常刚需上，包括美妆护肤、食品饮料、服装内衣等。5G时代来临，社群电商将释放出更大的连接潜能和价值。在全民"带货"时代，品牌追逐消费者的营销阵地"不断延伸"：销售渠道边界扩大，社群+直播+"网红"KOL+全网参与，精准营销、高效转化；营销平台的主战场从微信、微博等社交平台转移到直播和短视频平台；营销主体从个体社群变为社群孵化机构多频道网络（Multi-Channel Network，MCN），社群的生命周期不断延长；营销模式从"人带货"到"货带货"，货品品质成为销售转化的关键要素。2020年我国社群团购企业盘点图谱如图1-11所示。

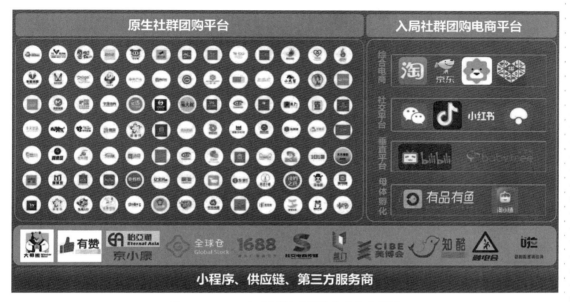

图1-11 2020年我国社群团购企业盘点图谱

社群电商有利于塑造包容、默契、良性的电子商务发展环境，从品牌营销方面来看，它改变了以往简单的双向交流，形成了多向互动，有利于企业深度挖掘社群的关联需求和价值，不断延长社群电商的商业价值链。社交内容平台布局电子商务，综合电子商务平台发力社群。在对的场景，找到对的人，给出对的内容，进而俘获用户的心，流量变现才有价值。"从洞察到俘获"，社群将是变现的重点"交易场"。从突围粉丝圈层到开展品类共创，将催生更多的社群电商新势力。

随着移动端人口红利逐渐消失，移动购物增速逐渐减缓，社交电商、直播、VR技术、O2O等与场景相关的购物方式和大数据应用成为驱动移动购物发展的新增长点。各企业为争夺用户时间与创造消费场景，纷纷尝试通过形式多样的内容运营提高用户黏性，移动端成为电子商务内容营销的战略高地。

**思维拓展**

移动电子商务给人们的生活和工作带来了极大的方便，尤其是在购物方面。大家平时经常用的移动购物网站有哪些？你比较喜欢使用哪个网站？为什么？

⤬ 课堂讨论

移动电子商务高速发展，请收集移动电子商务最新的资料，并从用户规模、交易规模、移动应用等方面对其发展现状进行描述。

# 1.3 移动电子商务的主要应用领域

## 1.3.1 移动在线购物

在线购物是指交易双方以互联网为媒介进行商品交易活动，即通过互联网进行信息的组织和传递，实现有形商品和无形商品所有权的转移或服务的消费。移动在线购物是指利用移动端进行购物，主要包括B2C和C2C两种形式。目前，我国已经是全球最大和增速最快的移动电子商务市场，移动电子商务正进入快速爆发期。

经过几年的培育和推广，国内大型电子商务企业在移动电子商务方面的表现十分突出。移动在线购物以淘宝、京东等为代表。钛媒体公开资料显示，截至2020年3月底，阿里巴巴全球年度活跃用户数达9.6亿，其中，7.8亿用户来自境内，1.8亿用户来自境外；阿里巴巴中国零售市场年度活跃消费者达7.26亿人，较2019年3月底增加7 200万人；阿里巴巴中国零售市场移动月活跃用户达到8.46亿人，较2019年3月底增加1.25亿人。《2020年双十一电商行业研究报告》显示，2020 年"双十一"期间，消费者安装购物类App的数量均值达到4.2款，跨平台购物成为人们购物时的主流消费习惯。而《2020下半年中国移动互联网大报告》显示，2020年第4季度人均App安装量为56款，全网用户对移动互联网的依赖度进一步提高。

📖 案例分析 　　　　　　　　　**京东移动电子商务服务**

　　京东于 2004 年正式涉足电子商务领域，是中国第一个成功赴美上市的大型综合型电子商务平台，并成功跻身全球前十大互联网公司排行榜。2016 年，京东市场交易额达到 9 392 亿元，净收入达到 2 601 亿元，年交易额同比增长 43%。2020 年 6 月，京东在中国香港联交所二次上市，募集资金约 345.58 亿港元。2016 年 7 月，京东进入《财富》全球 500 强榜单，成为我国首家、唯一入选的互联网企业。2020 年 8 月，京东第 5 次进入《财富》全球 500 强榜单，位列第 102 位。截至 2020 年 9 月 30 日，京东体系上市公司及非上市公司员工数突破 32 万人，间接拉动的众包配送员、乡村推广员等就业人数上千万。2019 年 8 月 14 日，"2019 年中国互联网企业 100 强"榜单发布，京东排在第 4 位。2020 年 7 月 10 日，京东名列"2020 胡润中国 10 强电商"榜单第 3 位。目前，京东移动端提供的服务趋于多样化，包括京东、京东金融、京东健康（见图 1-12）、京喜、京东图书（见图 1-13）、京东到家、京东视频、京东云修等。

图1-12　京东健康　　　　　图1-13　京东图书

思维拓展

在生活中，你接触到的京东移动电子商务服务有哪些？它们有哪些功能？试着跟身边的同学分享一下。

## 1.3.2　移动O2O服务

O2O即Online To Offline（在线离线或者线上到线下），是指将线下的商务机会与互联网结合，让互联网成为线下交易的前台。移动O2O服务是指基于移动端开展线上到线下的业务。移动O2O通过促销、打折、提供信息、预订服务等方式，把线下商店的消息推送给互联网用户，从而将他们转换为自己的线下客户，这特别适合必须到店消费的商品和服务，如餐饮、健身、电影和演出、美容美发、摄影及百货商店等。移动O2O服务是通过移动端服务，将线上流量导入线下商店的模式，如移动端美团、饿了么等，分别如图1-14和图1-15所示。

2014年以来，移动入口争夺战从线上发展到了线下，阿里巴巴以支付宝为依托、腾讯以微信支付为依托，与线下商家开展广泛合作，积极布局二维码入口。2021年3月2日，南京银行正式宣布：发布国内城商行第一张数字信用卡N Card。简单来说，它就是信用卡的虚拟化，除了不能在线下刷POS机消费外，具备常规信用卡的所有功能，而且使用更方便。N Card不需要烦琐的验证和等待，更不用下载网上银行，秒速激活后绑定微信、支付宝、云闪付、京东支付等就能直接使用。

图1-14 移动端美团

图1-15 移动端饿了么

## 案例分析

## 绫致，最顺畅的O2O

绫致旗下包括杰克琼斯、SELECTED、ONLY、VERO MODA四大品牌，业内有"无绫致，不商场"之说。绫致有300多亿元的年销售额，有超过1万家的店铺，这样一家企业是如何规划其O2O模式的？自2012年开始，绫致就遭遇了店铺客流量下滑明显、用户体验单一、客流转化率低的问题。因此，绫致和微信合作，规划O2O模式。

微信给予绫致场景和底层数据上的支持，引导用户流向店铺，然后通过服装吊牌上的二维码，打通用户与线下商铺之间的通路，客户关系管理（Customer Relationship Management，CRM）、库存管理等数据管理模块被激活。

这位用户是不是会员，他/她之前买过或"扫"过哪些货品，他/她更偏爱立领还是圆领，他/她是"条纹控"还是"格子控"……这一系列问题的答案都会传送到导购员持有的导购客户端上，如此，导购员可以适时地为用户提供有针对性的建议。同时，用户自己也可以在手机上查看推荐的搭配。当感到满意时，他/她可以在手机上下单；若有犹豫，也可将相关资料收藏，之后再请家人、朋友给出意见，最终决定买或不买。

从该模式中可以看出，用户在店铺中的5～15分钟成为其决定是否购买的关键。从引流、驻流到转化，二维码是连接买卖的语言，数据是贯通买卖的主线，只要用户的微信链接在手、数据在手，品牌就可以实现个性化导购、促销、预约试衣。总之，将人"黏"在品牌的平台上，可有效保证销量。

**思维拓展**

O2O 移动电子商务是电子商务发展的趋势。在现实生活中，你知道的 O2O 移动电子商务有哪些？它们如何与用户进行互动？

### 1.3.3 移动在线教育

移动在线教育是学生和教师依托目前比较成熟的无线移动网络、互联网以及多媒体技术，使用移动设备（如智能手机等）通过移动教学服务器实现的交互式教学活动。一个实用的移动在线教育系统必须同时兼顾学生、教师和教育资源，并将三者通过该系统有机地结合起来。

移动在线教育已经渗透到教育行业的各个细分领域。总体来看，目前市场上热门的产品多为优质内容型（如知识/资讯、真人课程等）或实用工具型（如词典、口语练习等），且多以智能手机为载体。

2019年9月，教育部等十一部门联合印发的首份鼓励在线教育发展指导文件《关于促进在线教育健康发展的指导意见》提出，大幅提升在线教育的基础设施建设水平，到2022年实现所有学校接入快速稳定的互联网。

《2020年中国在线教育行业研究报告》显示，"停课不停学"政策加速了移动在线教育在下沉市场的渗透，移动在线教育市场增长空间进一步被打开。在"停课不停学"政策的引导和助推下，2020年上半年，全国2.82亿在校生普遍转向线上课程，截至2020年3月，手机在线教育用户约4.2亿人（见图1-16），互联网和教育的融合度不断加强。

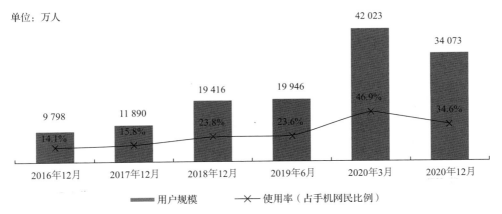

图1-16 2016年12月—2020年12月手机在线教育用户规模及使用率

**案例分析** 　　　　　　　　　　　**腾讯课堂**

腾讯课堂是腾讯推出的专业在线教育平台。2015年，腾讯课堂移动端上线，聚合大量优质教育机构和名师，下设职业培训、公务员考试、托福雅思、考证考级、英语口语、中小学教育等众多在线学习课程，打造教师在线上课教学、学生及时互动学习的课堂，帮助广大学员增强职业和就业技能，如图1-17所示。

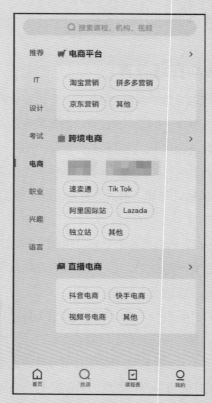

图1-17 移动端腾讯课堂

2019年1月，腾讯课堂推出"101计划"，投入价值10亿元的资源，对101家教育机构进行全方位扶持，推动实现年营收超千万元。2020年1月，腾讯课堂宣布全面升级，以流量、能力、工具、资本四轮驱动"教育机构梦工厂"。针对教育机构，腾讯课堂以"101计划"增强头部机构规模化流量获取能力和规模化运营能力，推动机构从大走向强；针对学员，推出"优课计划"与"严选计划"，分别关注课中评级与课后效果，持续扶持优质课程、保障学员利益。入驻"101计划"的柠檬班、聚心恒教育、乐学喵等机构均通过腾讯课堂的内容扶持与流量支持实现了快速成长。学员中，因病辍学的"苏北小文"通过腾讯课堂获得思科认证，成功找到工作；深圳老人"林叔"报名学习腾讯课堂的无人机航拍课程，成为深圳市老年摄影协会会员，实现了记录城市变迁的梦想。

截至2020年8月，腾讯课堂累计服务学员超过4亿人，平台课程数量超过30万门，每周有超过千万的学员在平台上在线学习，服务教培机构、学校、企业及公共部门超过30万家，帮助了非常多的学员成功就业、创业。

### 1.3.4　移动金融服务

移动金融服务是传统金融行业与移动互联网相结合的新兴领域。与传统金融服务所采用的媒介不同，移动金融服务以智能手机、便携式和无线POS机等各类移动设备为媒介，通过移动互联网等工具，使传统金融业务具备透明度更高、参与度更高、协作性更好、中间成本更低、操作更便捷等一系列特征。

移动支付是移动金融服务的一个重要体现。移动支付也称为手机支付，是用户使用其移动终端（通常是智能手机）对所消费的商品或服务进行账务支付的一种服务方式。单位或个人通过移动设备、互联网或者近距离传感直接或间接向金融机构发送支付指令并产生货币支付与资金转移行为，从而实现移动支付功能。移动支付将终端设备、互联网、应用提供商以及金融机构相融合，为用户提供货币支付、缴费等金融服务。

移动支付有支付宝、微信钱包（见图1-18）、QQ钱包、微博钱包（见图1-19）等。

图1-18　微信钱包

图1-19　微博钱包

**华为钱包——手机里的钱包**

华为钱包是一款基于 EMUI 系统的应用软件，功能丰富，涉及领域广。各类卡、证、票、券、钥匙等都可以装进钱包，用户通过一部手机即可满足交通出行、移动支付等生活场景的需要，如图 1-20 所示。华为钱包支持 41 张交通卡，覆盖全国 312 个城市，其中京津冀互联互通卡可以免费开通，一卡畅行多城；支持银行卡，Huawei Pay 累计接入 133 家银行，线下有超过 1 600 万台带有银联闪付 Logo 的 POS 终端支持，覆盖千万商户；还支持门禁卡、eID、车钥匙、包钥匙、会员卡等。手机在熄屏状态下也可使用华为钱包中的 Huawei Pay 完成支付。支付和便捷，是手机支付的两大功能要义，而依靠华为自身的强大技术实力和合作伙伴关系，在这两点上，华为钱包无疑是做到了"人无我有，人有我精"的地步。如今，华为钱包将 eID、银行卡、门钥匙、会员卡、箱包解锁、车钥匙等全部集成到华为手机当中，用户无论走到什么场景当中，只需要一部华为手机就可以轻松满足各种需求。

图1-20　华为钱包

 思维拓展

结合案例，谈谈除了华为钱包，你常用的移动支付还有哪些，它们的特色功能都有哪些。

## 1.3.5 移动旅游服务

移动旅游服务是指以网络为主体，以旅游信息库、电子化商业银行为基础，利用电子手段运作旅游业及其分销系统的商务体系。旅游电子商务为广大旅游业从业者提供了一个互联网平台，移动旅游服务则利用移动端为广大游客提供了旅游服务的互联网平台。

比较典型的移动旅游服务平台有携程旅行（见图1-21）、去哪儿旅行（见图1-22）、同程旅行等。

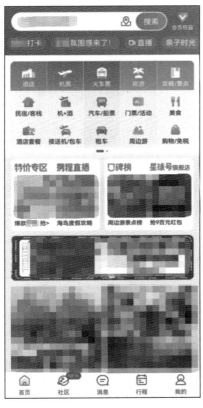

图1-21 移动端携程旅行

图1-22 移动端去哪儿旅行

📖 案例分析　　　　　　　　　**马蜂窝旅游网**

马蜂窝旅游网是基于旅游社交和旅游大数据的新型自由行服务平台。以"自由行"为核心，马蜂窝旅游网提供全球6万多个目的地的旅游攻略、旅游问答、旅游点评等资讯，以及酒店、交通、当地游等自由行产品及服务。马蜂窝旅游网提供的景点、餐饮、酒店等点评信息均来自数千万用

户的真实分享，可帮助旅行者制订自由行方案，如图1-23所示。马蜂窝旅游网创立于2006年，从2010年正式开始公司化运营。马蜂窝旅游网的用户主要通过口碑获得，截至2020年年底，注册用户已超过1.3亿人次，提供覆盖全球6万多个目的地的旅游攻略及产品预订服务，探索独有的"内容＋交易"商业模式，为旅行者提供立体化、专业化的服务，覆盖旅行全程。在移动端，马蜂窝旅游App安装量超5.9亿次，长期入选移动旅行应用总榜的前5名，已成长为一个集合了旅行信息、出行决策、自由行产品及服务交易的一站式移动平台。

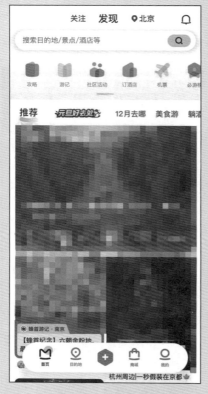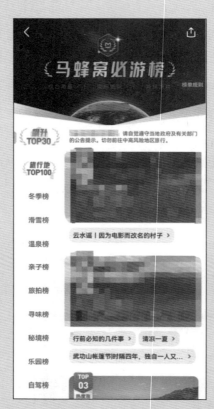

图1-23　移动端马蜂窝

从自由行用户的角度来看，马蜂窝旅游网可帮助用户做出最佳的旅游消费决策。用户创造内容（User Generated Content，UGC）、旅游大数据、自由行交易平台是马蜂窝旅游网的三大核心竞争力，"社交基因"是马蜂窝旅游网区别于其他在线旅游网站的本质特征。

"心若自由，行必无忧。"马蜂窝旅游网的目标是为全球的自由行用户提供可靠、有爱、值得信赖的旅行信息，以帮助他们更好地进行消费决策，并获得高性价比的自由行产品及服务。

 思维拓展

试分析马蜂窝旅游网取得成功的原因。

## 1.3.6 其他应用类型

### 1. 移动医疗

移动医疗（Mobile Health，M-Health）也称为移动健康，在2007年首次被提出，在2009年被公众接受。国际医疗卫生会员组织给出的定义为，移动医疗指通过使用移动通信技术，如便携式计算机、移动电话和卫星通信来提供医疗服务和信息，具体到移动互联网领域，则以基于安卓和iOS等移动终端系统的医疗健康类应用为主。相比于传统医疗，移动医疗实现了对医疗资源配置的优化，可以让患者和医生、医院管理者更省时、更省心。

随着互联网普及程度的提高以及移动支付、远程视频等工具的发展，移动医疗推广速度更快，覆盖用户类型更多。2020年，互联网医疗分担线下医院的压力，促进线上问诊、复诊、购药常态化，使居民对医药电商、互联网医疗平台的使用需求进一步增加，推动用户规模快速增长。

艾媒咨询发布的数据显示，我国移动医疗市场规模逐年增长，2020年达到520.8亿元（见图1-24），移动医疗用户规模达到6.35亿人，移动医疗存在巨大的产业空间。

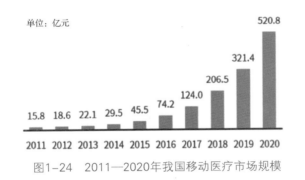

图1-24 2011—2020年我国移动医疗市场规模

我国移动医疗在传统医疗的基础上，着力从改变医疗模式、重塑服务形态、再造服务流程和降低医疗成本等方面解决传统医疗痛点。移动医疗健康市场的快速发展有助于减少地区和收入差异带来的医疗资源的供给差异和分配不均的问题，可在一定程度上解决目前"排队难、挂号难、看病难"的问题。

📖 案例分析　　**丁香园——医疗领域的连接者**

丁香园原名"丁香园医学文献检索网""丁香园医学主页"，网站于2000年7月成立。丁香园在创立伊始是一个专门供医生讨论文献、普及知识的网站。目前，丁香园打造了一系列医疗学术论坛及移动产品，并全资筹建了线下诊所，业务可大致分为面向医务人员、大众用户、企业机构三大板块，如图1-25所示。在运营方面，丁香园积累了非常丰富的优质内容和较高的品牌知名度，着力打造品牌矩阵，增强品牌营销能力。2014年7月，丁香园微信公众号矩阵开始运营，截至 2020 年 11 月，丁香园官网公布的丁香园微信公众号共计 62 个，如图 1-26 所示。其服务的对象主要是医药生物相关专业的学生、临床医务工作者、医药科研人员、大众、患者和丁香园内部员工。2020 年 7 月，丁香园发布企业业务战略，打造医药数字化生态。2020 年 8 月，丁香园以 70 亿元市值位列《苏州高新区·2020 胡润全球独角兽榜》第 351 位。

丁香园面向不同群体业务板块

图1-25 业务板块

丁香园微信公众号/订阅号媒体矩阵

图1-26 微信公众号矩阵

思维拓展

现代人越来越关注身体健康，试着查找还有哪些移动医疗应用。

## 2. 移动办公

移动办公又称"3A"（Anytime，Anywhere，Anything）办公，指办公人员可以在任何时间、任何地点处理和业务相关的任何事情。移动办公聚合了即时通信、企业社交、协同办公、客户关系管理、人力资源管理等多种办公产品的功能，能够帮助企业更加轻松高效地实现内部人员和合作伙伴间的沟通与连接，以及与企业相关的各种办公业务之间的连接。

根据具体应用方式的不同，移动办公大致可以分为两种类型。一种类型需要在掌上终端安装移动信息化客户端软件才能使用，其能实现的功能非常强大，对掌上终端的要求也较高。它一般需要以智能手机为终端载体，通过在公司内部部署一台用以对接智能手机和计算机网络信息的服务器，使得智能手机可以和政府、企业的办公系统等企业级业务和管理系统对接，广泛连接大型企业和政府，如海尔集团使用的南大先腾MCAP等。而另一种类型则无须装载软件，借助运营商提供的移动化服务就可以直接进行移动办公，其能实现一些常规的企业办公功能。例如，南大先腾的MOA，无须与政府、企业办公自动化系统对接，就可实现包括公文流转、公文签批、日程管理、通讯录、新闻资讯等在内的常规企业办公功能。

2020年2月，钉钉以约1.37亿的月活跃用户数排在在线办公应用平台首位，环比增幅达到73.8%，保持了持续增长的态势；QQ邮箱和WPS Office紧随其后，在月活用户数上都有不同程度的增长，如图1-27所示。

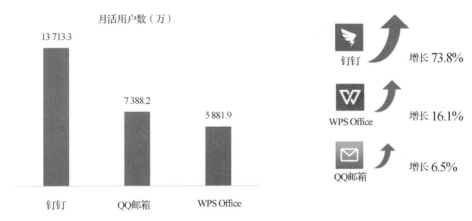

图1-27 2020年2月我国在线办公应用平台月活量排名

移动办公是云计算技术、通信技术与终端硬件技术融合的产物，成为继计算机无纸化办公、互联网远程化办公之后的新一代办公模式。下游在线办公产业的需求增加，进一步推动上游云计算产业加速发展，产业链条愈加完善。移动办公是大势所趋。

### 📖 案例分析

## 钉钉

钉钉由阿里巴巴集团于2014年1月筹划启动，由阿里巴巴来往产品团队打造，专注于提高企业的办公与协同效率。截至2021年1月，钉钉开放平台入驻的开发者超过27万人，开发者服务的企业组织超过640万家；由钉钉平台衍生出的"钉应用"超过70万个，钉钉用户数破4亿，包括企业、学校在内的各类组织数超过1 700万。2020年3月，钉钉TV版上线。2020年4月，钉钉正式发布海外版DingTalk Lite（现已更名为DingTalk），它支持中文、英文、日文等多种语言，主要包括视频会议、群直播、聊天、日程等功能。2020年6月，钉钉入选《2020福布斯中国最具创新力企业榜》。2020年9月，阿里巴巴组建新的大钉钉事业部。以教育行业为例，智慧校园以钉钉为支点实现家校联动。钉钉可以做到以"圈"实现家校联动，教师和家长、孩子在云端紧密相连。家长们可以把班级圈当作自己的学习圈、交流圈，增加云交流。传统办公和钉钉办公对比分析如图1-28所示。钉钉办公不仅帮助教师实现了内部的有效沟通和资源协调，更有效地解决了跨学校的沟通协同，真正提高了教师们的整体办公效率。

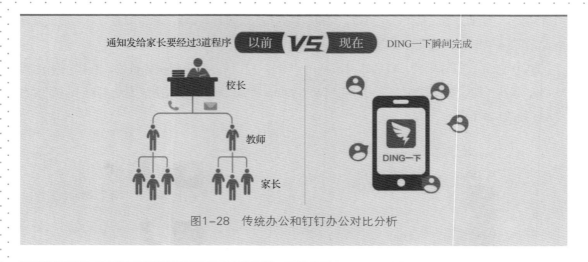

图1-28 传统办公和钉钉办公对比分析

**思维拓展**

近年来，移动办公逐渐受到工作群体的喜爱，试分析为什么钉钉等办公软件应用得越来越广泛。

### 3. 移动社交电子商务

移动社交电子商务（简称移动社交电商）是指社交电子商务的移动化发展，移动、社交网络、电子商务三者融合，是指将关注、分享、沟通、讨论、互动等社交化的元素应用于移动电子商务交易过程的现象。移动社交电子商务是电子商务的一种新的衍生模式，它借助社交媒介、网络媒介等传播途径，通过社交互动、UGC等手段辅助完成商品的购买和销售行为。比较典型的移动社交电子商务应用有微博、微信、美丽说、蘑菇街等。

艾媒咨询发布的《2019—2020年中国移动社交行业年度研究报告》显示，2020年中国移动社交用户规模达9.23亿人，较2019年增长7.1%，主流移动社交平台月均活跃用户规模竞争格局趋于稳定。微信、QQ、微博以亿级月活跃用户规模跻身移动社交产品行业第一梯队（见图1-29），头部地位难以撼动，其在2020年1月的活跃用户规模分别达到10亿人、6.5亿人、3亿人左右。

图1-29 2020年中国移动社交产品月活跃用户规模

从移动社交的发展历程（见图1-30）可以看出，移动社交电子商务不仅仅是移动化的电子商务，其核心是拥有人与社交等元素。

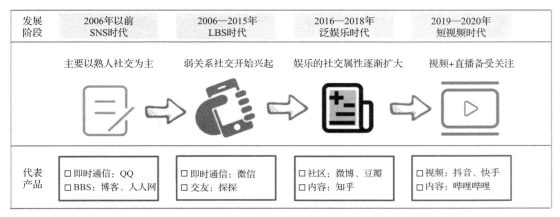

图1-30 移动社交的发展历程

随着图片社交、声音社交、视频社交等产品形态的革新，移动社交市场将保持稳健发展态势。5G、人工智能等技术的发展，塑造了目前移动社交产品的功能模式，无论是匹配机制，还是视频直播的连线机制，都源于技术的革新。5G网络的视听高质量、低延迟特性，势必会大大提升移动社交的产品体验并促使产品功能升级，而AI技术使得不同的社交模式具有可行性。未来，随着"5G+AI"技术的持续创新，社交产品场景将更加丰富和新颖，有望重塑用户的社交行为链条。

📖 案例分析 　　　　　　　　　　**罗辑思维**

　　罗辑思维是由两位知名媒体人合作打造的知识型自媒体社群。罗辑思维微信公众号如图1-31所示。《罗辑思维》长视频脱口秀于2012年12月21日在优酷视频上线，最早是每周一更新一期。视频中，创始人分享个人读书心得，启发观众独立思考，其以丰厚的知识积累和独特的表达风格，在互联网视频中脱颖而出。后来，在视频的基础上，罗辑思维又衍生出微信语音、图书杂志（含纸质版、电子版）、线下读书会等多种互动形式，主要服务于"80后""90后"中有"读书求知"需求的群体。罗辑思维的广告语包括"有种、有趣、有料""做大家身边的读书人"，其定位是打造自由人自由联合的知识社群。2016年，"得到"App上线，罗辑思维演变成平台的引流端，在个人品牌之外推出了其他"大咖"的收费课程。"得到"App首页如图1-32所示。截至2020年3月，罗辑思维微信公众号关注用户超过1 200万人。罗辑思维利用粉丝经济，抓住了知识付费的红利，其创始人也成为国内较火的知识"网红"之一。

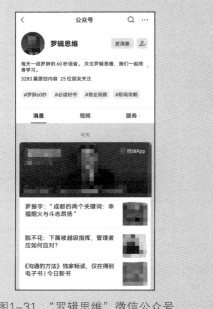

图1-31 "罗辑思维"微信公众号　　　图1-32 "得到"App首页

 **思维拓展**

　　移动电子商务的发展使得移动社交平台成为新的引流来源，那么企业为什么越来越重视移动社交电子商务呢？

**课堂讨论**

　　结合本节相关内容，收集两个移动电子商务应用领域的案例，对其应用特点、成效及前景进行分析，并形成分析报告。

# 1.4　移动电子商务的发展趋势

　　移动电子商务正以前所未有的速度影响着人们的日常生活，未来它在各个方面的发展将更加契合人们的生活需求。归纳起来，移动电子商务的未来发展趋势主要体现在以下4个方面：新超级入口、新营销方式、新驱动引擎和新融合发展。

## 1.4.1　新超级入口：图像识别与小程序

### （一）图像识别

微信"扫一扫"功能令人印象深刻。它利用图像识别技术将传统的条形码、二维码、图书和

CD封面、电影海报等入口全部集成到一起，让目前所有主流的识别手段都可以通过一个小小的扫描行为得以实现。但二维码或封面的扫描只能算是图像识别超级入口的入门版，那理想中的图像识别新超级入口应该是什么样子的呢？

### 1. 可以识别任何人和物

图像识别是计算机视觉的机制之一，计算机视觉使得机器能够"看"事物——甚至包括人类无法看到的事物。例如，卡内基梅隆大学曾致力于研究一种名为"呼吸凸轮"的计算机视觉应用。该应用配备了4个云连接摄像头，可以让用户监测和记录空气污染情况，甚至可以追溯污染的源头。是的，它"看"到了空气质量。

目前，深度学习是最有可能增强机器"看"的能力的技术。简单地说，深度学习就是一种机器学习框架，通过模仿人类的神经元系统，使计算机具有自主学习能力。因此，具备深度学习能力的计算机可以准确识别图片中的内容，而无须根据指令安装手动编码的软件，但它需要大量数据才能完成识别。

人们为此提出了不同的图像识别模型，如模板匹配模型等。模板匹配模型认为，要识别某个图像，过去的经验中必须有这个图像的记忆模式——模板。当前的刺激如果能与大脑中的模板相匹配，这个图像即被识别。例如有一个字母A，如果脑中有一个A模板，字母A的大小、方位、形状都与这个A模板完全一致，字母A就被识别了。理想的图像识别新超级入口应该是用户生活中常见的一切，即扫即得，世间一切都能在扫描完之后变得明了清晰。

### 2. 可以适应任何识别方式

在识别的过程中，理想的图像识别新超级入口不会要求用户必须正面对准、完全框住、不能远离或贴近、不能倾斜、不能抖动、不能有光扰、不能模糊。理想的图像识别新超级入口应该是用户随意拿起手机朝向目标，即可得到识别结果。如果能再结合增强现实（Augmented Reality，AR）技术，如图1-33所示，那么用户体验将获得质的飞跃。

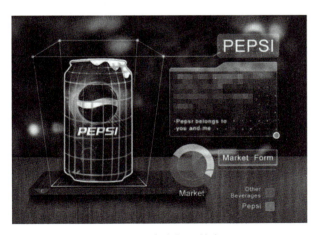

图1-33　未来扫码技术

如果这样的功能和用户体验可以在淘宝、微信、微博、大众点评、美图秀秀等常用平台实现，那世界会变成什么样？试想扫一下杂志内容、书籍、名片，马上就能出现视频、评论、相关文章、社交信息；扫一下商品包装，马上就能出现一系列使用说明、用户评论、优惠券、比价信息，甚至可以直接点击购买；走在商场里扫一下店铺Logo，马上就能出现店铺代金券、用户留言，知道什么东西值得买，什么菜值得吃。通过使用图像识别技术，用户可以快捷地获得相关信息，而商家也可以有效地接触目标用户。

### 3. 可以提供人性化服务

在医疗保健方面，图像识别最突出的功能之一是协助创建AR——一种"将计算机生成的图像叠加在用户对现实世界的视觉认知之上"的技术。如果给人工智能提供AR技术和包含疾病视觉提示的数据集，我们将拥有一个医疗助理。有了它，医生就可以在检查期间获得有关患者疾病的实时详细诊断建议或医疗文件。

在教育方面，图像识别可以让有学习困难或身体残疾的学生以他们能够感知的形式获得所需的教育。计算机视觉支持的应用程序可以提供文本、语音和图像等，其中语音功能可以帮助视力受损或有阅读障碍的学生"阅读"所提供的内容。

在企业流程管理方面，先进的图像识别系统还可以应用于企业运营权限识别。例如，机器可以进行面部识别，这将取代传统的利用身份证来确定某人是否被授予执行某项任务的权利的方式，如确定某人是否有权利访问文件存储系统、参加会议或检查工作等。

移动电子商务的飞速发展是有目共睹的，在移动设备上选购商品、下单，甚至是付款都不再是新鲜事。但在移动视觉搜索技术成为主流之前，还有两个挑战亟待解决：一个是要研发出可以精准识别三维物体的图像识别技术；另一个是要以一种尊重隐私的方式进行识别。如何扩展创新业务、提升用户体验、挖掘新的增长点是应用开发商需要更多考虑的问题。

## （二）小程序

小程序是一种不需要下载安装即可使用的应用，它实现了应用"触手可及"的梦想，用户扫一扫或搜一下即可打开应用。主流小程序平台的网络关注度差异较大，微信小程序依靠其庞大的流量资源和不断完善的平台功能，不断强化其电商实力，获得的网络关注度较高。小程序平台的网络关注度差异也折射出用户对不同平台生态的认知的不同，小程序的进一步开发与使用将为一些优质服务提供更为开放的平台，带动社会效应不断提升。

### 1. 小程序降低了开发门槛

小程序作为一种轻量级应用，开发者无须设计开发出全面的功能，成本相对较低，且目前绝大部分的小程序是基于微信平台存在的，凭借微信的社交属性，其开发成本更低、开发周期更短。

### 2. 小程序优化了用户体验

在移动互联网时代，人们对多样化手机应用的内存要求更高。相较于传统的下载及使用移动应用的方式，用户在小程序等新兴渠道上能更快捷地触达和使用非常用类型的应用产品，且使用后不需要额外清理手机内存空间，这优化了用户体验，满足了用户更多样化的使用需求。

### 3. 小程序注重安全隐私保障

小程序的信息安全问题一直是用户关注的重点领域。大数据时代获取信息的便利性增加了信息泄露的风险，因此，小程序更加注重安全隐私的保护，以保障用户信息安全。

### 4. 社交场景助力小程序传播

在社交场景的推动下，小程序会形成良性的社交互动，提高用户黏性，拓宽小程序的流量入口。熟人社交比陌生人社交具有更强的裂变能力，把小程序分享至好友或群，可以促进小程序的用户流量呈爆发式增长。

 思维拓展

图像识别将成为移动互联网新的超级入口，未来哪些领域可以应用图像识别技术？如果让你来设计它的使用流程，它会是什么样的？

## 1.4.2 新营销方式：社交分享与新媒体

分享是社交网络形成的基础。借助分享，人们表达自我、建立关系、传播信息。在移动电子商务时代，消费者的消费路径和习惯发生了很大的变革：一是消费需求场景化，从流量运营转变为人群运营，从消费者的观点出发，精准定位人群，精准推送产品，提高买卖相关度，从而产生巨大的销售量；二是消费理念内容化，优质内容逐渐代替传统的购物需求成为强大的流量生产器；三是购物模式粉丝化，社交媒体的发展使KOL的引导作用越来越大，消费者希望关注KOL并与之互动，某一领域的知名人士的品牌背书可以使消费者产生购买信赖感。

优质的内容需要投放在合适的渠道。以数字技术为代表的新媒体的最终目的是服务企业品牌、企业产品和企业利润。其最大特点是打破了媒介之间的壁垒，消融了媒介之间、地域之间，甚至是传播者与接收者之间的边界。新媒体的传播方式有两种。第一种是社交传播，其核心是分享，其最高形态是实现病毒式传播。第二种是算法传播，需要利用数据对人和信息进行匹配。新媒体营销利用抖音、快手、微信、微博等新媒体平台进行产品宣传、推广、营销，通过策划与品牌相关的、优质的、具有高度传播性的内容和线上活动，向用户广泛或者精准地推送消息，提高用户参与度与品牌知名度，从而充分利用粉丝经济达到较好的引流、转化效果，来实现内容价值的最大化。其中短视频营销能通过精准触达用户，直接刺激用户采取行动，大幅度缩短品牌营销路径，助力品牌营销提速增效。

 思维拓展

移动互联网的发展以及社交平台的出现使得消费者的在线购物方式发生了改变，那么从消费者角度来看，新媒体时代的在线购物方式与传统的通过 PC 端购物的方式有哪些区别呢？

### 1.4.3　新驱动引擎：大数据与人工智能

随着互联网计算处理技术的逐渐成熟，大数据开始应用到各行各业。大数据将成为新的利益推动点，精准匹配供求信息，进行个性化推荐、用户偏好预测、页面优化，以提高运营效率。

在个性化营销方面，掌握用户消费全过程有助于企业对用户进行精准画像，并根据用户画像提供个性化推荐，提高营销效率；在预测科学性方面，及时、动态的行业上下游数据以及其他相关数据有助于企业调整供应链和营销策略，提高决策的科学性和准确性；在网站优化方面，根据竞争对手及用户偏好数据，企业可以进行网站优化，包括商品布局、页面布局、价格策略等的优化，以提高运营效率和提升用户体验。

AI离不开大数据。从2016年我国5G技术开始研发至2019年5G正式宣布商用，数十倍乃至百倍于4G的传输速率大大提高了互联网的使用效率，同时也使我们迎来更多创新性的应用场景。华为发布的《5G时代十大应用场景白皮书》显示，每一项垂直行业应用都与大数据有着千丝万缕的关系。云VR/AR的实时计算机图像渲染和建模、车联网的远控驾驶、无线医疗的远程诊断、无线家庭娱乐的超高清8K视频和云游戏、社交网络的超高清/全景直播等5G时代的物联网应用都需要通过AI等技术，从海量数据中快速"学习和提炼"出高价值信息与策略。5G与智能生活如图1-34所示。

借助于5G的高带宽、低时延和AI能力，大数据所承载的业务形式更加复杂多样，其商业价值将得到快速挖掘。基于不断采集、沉淀、分类等数据积累取得的大数据将支持AI技术，更好地服务人们生活的方方面面。

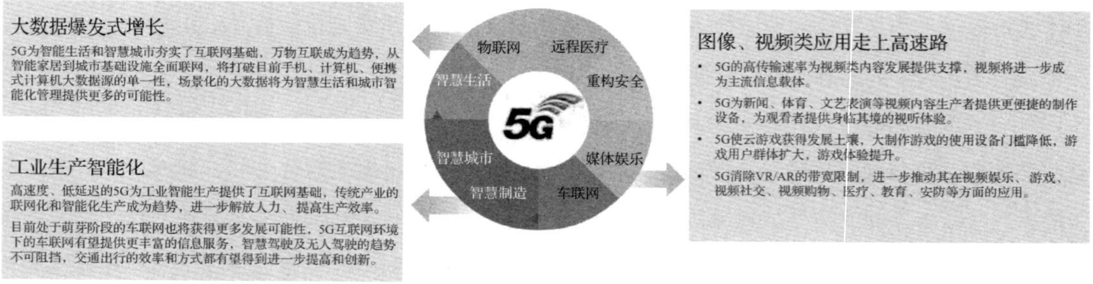

图1-34　5G与智能生活

### 1.4.4　新融合发展：全渠道与线上线下

全渠道营销就是利用新科技和有效手段，把信息流、资金流、物流重新高效组合，用一切可能的方法，接触消费者。新零售的本质便是全渠道营销，打通线上线下渠道，使线上线下统一，实现利益的合理分配。在移动电子商务时代，一方面，消费者的需求和网购环境均有较大改变，消费者希望随时随地精准地买到所需的商品和服务；另一方面，由于商品供大于求，单一渠道发展的增量空间有限，线上和线下均在布局全渠道发展。

各企业纷纷运用好"互联网+"，推进线上线下更广更深融合，发展新业态新模式。京东、百度、腾讯等互联网企业纷纷拓展线下商户，布局零售及服务O2O领域。作为京东家电覆盖县乡市场的重要业务形态，京东家电专卖店无疑为扩大县乡消费起到了重要的推动作用。2020年京东家电专卖店打破线上线下界限，在京东主站流量的推动下，实施了全渠道线上线下融合的转型新举措，帮助商家实现销售额逆势增长，引领线下家电零售市场全面复苏，也让更多消费者获得高品质的商品和服务。

相比于以往的"双十一"活动，2020年更加突出线上线下联动，全渠道融合力度大幅提升。此外，支付宝新增"数字生活平台"角色，打造数字生活第一入口；而京东在"全球热爱季"统一线上线下价格和服务质量等。《2020年双十一电商行业研究报告》显示，全渠道融合的价值是为用户打造统一消费入口，联动新资源，服务于多元化场景，以数字化方式提升用户服务体验，创造全新消费乐趣，如图1-35所示。

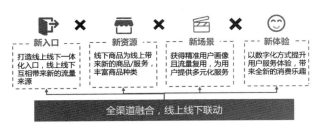

图1-35 全渠道融合与线上线下联动

因此，无论是因为消费者需求发生变化，还是商家追求增量，抑或商品供大于求等原因，线下消费体验和线上购物便利的双向需求都将带来线上和线下购物期望值的融合，线上线下全渠道融合是新零售时代的重要发展趋势。

## 1.4.5 新服务应用：基于位置的服务

基于位置的服务（Location Based Services，LBS）又称定位服务，是指通过移动终端和移动网络的配合，确定移动用户的实际地理位置，从而提供用户所需要的与位置相关的服务。

LBS源于美国移动电子商务的运营者Foursquare。Foursquare是基于LBS技术建立的手机服务网站，用户可以通过自己的手机来"报告"自己所在的位置。Foursquare鼓励手机用户通过社交平台分享自己当前所处的地理位置等信息，并且依据用户的位置信息推出了针对性的电子商务业务。当用户向系统登记其位置时，用户不但可以获得积分，还可以根据累计积分及所在位置得到业务系统推送的各类优惠券、折扣编码、代金券。因为LBS等定位技术的引入，商户可与应用提供商合作，向进入目标位置范围内的特定人群推送广告，快速地锁定目标人群并进行营销，如通过短信、二维码等多种方式向其推送优惠券、代金券及广告信息。

在Foursquare的带动下，"LBS+电子商务"应运而生。为了使用户和商家地位平等、信息对称，LBS+O2O移动电子商务模式逐渐兴起。该模式由智能终端、LBS定位系统、O2O应用平台、线上支付平台构成。LBS+O2O移动电子商务模式的关键因素是线上支付和LBS定位，LBS实现精准定位并匹配用户的消费需求，用户选择商家线上支付并在线下体验服务。例如，美团运用该模式创建了美食、电影、外卖等栏目。以美食栏目为例，用户到达某地后想搜索附近的美食，就会打开手机定位系统进行位置签到，连接数据流量或Wi-Fi，打开美团，此时用户会收到美食推送通知，选定美食商家后，用户可在线上支付，在线下美食商家享受美食。

随着人口老龄化加速，阿尔茨海默病患者逐渐增多，中国移动物联网卡采用GPS+北斗+LBS+Wi-Fi+G-Sensor+AGPS六重定位模式，定制移动定位手环，助力"帮你回家"关爱项目，可以24小时不间断监测使用人的行动轨迹，确保使用人不论在室内还是在室外均可精准定位。易走失人群，尤其是患有阿尔茨海默病的老人佩戴定位手环，有助于其安全回家。

LBS技术的引入，使用户的搜索成本大为降低，不仅为用户带来了更低的商品折扣，也使用户真切地体验到了移动电子商务带来的便利，提升了用户体验。LBS技术使商户更快地锁定目标人群，进行针对性营销。对于移动电子商务运营商来说，LBS技术不仅为其带来了广告收入，还可以使其通过向商家提供流量分析工具而赢利。可以预见，随着移动电子商务的不断发展，LBS技术将在更多领域得到广泛应用，为产业链中的各参与方带来意想不到的商机。

 思维拓展

移动电子商务未来的发展将为我们的生活带来哪些改变？

 素养拓展　　**移动电子商务在服务乡村振兴等国家战略中的作用**

脱贫攻坚已取得全面胜利，电商扶贫作为脱贫攻坚工作的新渠道、新动能，也为乡村振兴打下了坚实的基础。近年来，国家有关部门积极做好电商扶贫有关工作，推动应用"电商企业＋基地＋合作社＋贫困户"的利益联结模式，带动贫困地区农产品销售，帮助贫困户增加收入。

优化村级服务站点，加强基础设施建设。推动农村经济发展方式转变，促进农产品提质增效和农民增收，引导有实力有实绩的合作社、农村电商企业承接综合服务点建设，帮助当地群众缴纳生活费用、收发快递、购买生产生活物资，还帮助农户从网上销售农产品，极大地提高了农村群众生产生活的便利性。以上工作都可以通过移动电子商务手段开展和完成。

解决农产品上行难题，积极拓展销售渠道。各地在2020年举办了电商消费节，线下展销产品涵盖粮油食品、农产品和生活用品，线上直播吸引大量消费者围观和点击，提高了不同地域产品的品牌知名度。同时，各地还组织开展农产品与商超对接活动，利用淘宝直播、抖音直播、朋友圈售卖等方式销售农产品，消费者通过移动端就可以购买各地农产品。

脱贫攻坚虽已取得全面胜利，乡村振兴的重任依然需要电子商务产业的全面发力。各地应积极利用移动电子商务手段推动农村电商新业态新模式的发展，深入挖掘和培育特色鲜明、品质优良的不同地域网货品牌和产品，打造地方名优品；支持有实力的电商企业和平台参与整合农产品、品牌和企业资源，开展农产品产地直采，推动优质特色农产品上行。

# 第2章

# 移动电子商务的价值链与商业模式

**知识结构图** ↓

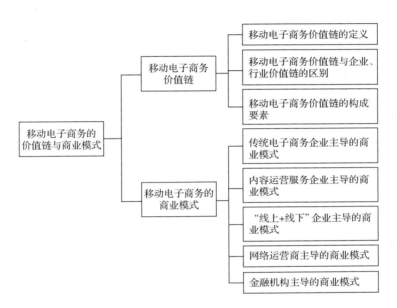

移动电子商务的价值链与商业模式
- 移动电子商务价值链
  - 移动电子商务价值链的定义
  - 移动电子商务价值链与企业、行业价值链的区别
  - 移动电子商务价值链的构成要素
- 移动电子商务的商业模式
  - 传统电子商务企业主导的商业模式
  - 内容运营服务企业主导的商业模式
  - "线上+线下"企业主导的商业模式
  - 网络运营商主导的商业模式
  - 金融机构主导的商业模式

**学习目标** ↓

- 掌握移动电子商务价值链的定义、构成要素。
- 了解移动电子商务商业模式的类型。

扫一扫
学思融合

**素养目标** ↓

- 培养厚生、惠民意识,探索移动互联网经济运行规律。
- 培养创新精神、创业意识,增强创新创业能力。

 导入案例　　　　　　**微信的商业模式**

　　在移动电子商务时代,消费者的行为和所处场景趋于多元化,以微信为代表的新兴移动电子商务平台因具备社交、本地、移动、支付等特性,加速推动了移动 O2O 的普及与完善,为传统企业在移动电子商务时代的发展提供了更多机会。2021 年 1 月 21 日,微信上线 10 周年,公布最

新数据：微信的日活跃用户达到10.9亿人；7.8亿人会每天翻看朋友圈，其中的1.2亿人还会在朋友圈里发动态；3.6亿人会每天浏览微信公众号以获取外界信息。凭借社交平台、微信公众号、微信支付、二维码支付等服务，微信正从提供通信服务演变为服务于经济社会发展的多功能平台。例如，微信推出了微信小程序，用户通过扫描二维码即可进入小程序进行信息查询、下单等。

微信小程序有3个特点：触手可及、用完即走、无须安装和卸载。微信团队对微信小程序的定义是一个连接人和服务的工具，用户扫码即可获得服务。它可能不会取代微信的服务号、订阅号，也不会完全替代App，但它给用户提供了服务的最短路径。

微信小程序刚推出的时候，很多用户对微信小程序存在误解，仅停留在"用完即走"这一特点上，其实对于提供好的产品的微信小程序，用户是会主动再次使用的。例如，对于百度搜索等小程序，用户就会因为其提供了非常好的搜索结果而再次主动使用。在移动互联网时代，用户的时间非常宝贵，企业要让用户在碎片化的时间内接触到产品的核心，并判断是否喜欢和需要该产品。这也是移动互联网产品营销的精髓之一。

# 2.1 移动电子商务价值链

## 2.1.1 移动电子商务价值链的定义

价值链的概念由哈佛商学院教授迈克尔·波特于1985年首次提出。波特认为，"每一个企业都是在设计、生产、销售和发送的过程中进行种种活动的集合体。所有这些活动都可以用一条价值链来表示。"企业的价值创造是由一系列活动构成的。这些活动可分为基本活动和辅助活动两类：基本活动包括内部后勤、生产作业、外部后勤、市场和销售、服务等；而辅助活动则包括采购、技术开发、人力资源管理和企业基础设施等。这些各不相同但又相互关联的生产经营活动，构成了一个创造价值的动态过程，即价值链。

随着现代社会的快速发展，现代交易的完成不仅涉及供需双方，还涉及为交易实现提供多种服务的第三方。信息技术及互联网的发展逐渐打破了企业、行业发展的界限，使不同行业融合发展，共同参与到某一商务交易活动中。因此，在移动电子商务活动中，企业的价值增长不再单纯地取决于企业自身或某一方，而是需要处于价值链不同环节的企业协同努力，实现多方共赢。

本书将移动电子商务价值链定义为由移动网络运营商、移动电子商务应用服务提供商、支付服务机构、物流公司、移动终端制造商、供应商、消费者等共同打造的一个创造价值的动态过程。

## 2.1.2 移动电子商务价值链与企业、行业价值链的区别

企业价值链是由企业进行价值创造的一系列活动构成的，这些各不相同但又相互关联的生产经营活动，构成了一个创造价值的动态过程。

行业价值链是指一个特定的企业价值链所属的行业内更大的业务流。行业价值链可以帮助企业找到沿产品生命周期向前或向后发展的机会，从而提高企业的生产效率，改进产品的质量。

移动电子商务价值链使不同类型的企业打破行业界限，使同处一条价值链中的企业之间保持战略合作关系，而不仅仅是一种简单的买卖关系。企业之间的竞争不再是企业单体之间的竞争，而是企业所处的价值链之间的竞争。以价值链为基础的生态系统必须借助于信息管理系统才能最终形成良性循环，集成信息流、资金流和物流，将供应商、制造商、协作厂家、分销商、消费者全部纳入管理资源之中，使业务流程更加紧密地集成在一起，进而增强企业对消费者的快速响应能力。

### 课堂讨论

结合移动电子商务价值链的定义以及上述分析内容，请你举例说明移动电子商务价值链与企业、行业价值链的区别。

### 2.1.3 移动电子商务价值链的构成要素

移动电子商务价值链由移动网络运营商、移动电子商务应用服务提供商、支付服务机构、物流公司、移动终端制造商、供应商、消费者等要素构成。其中，移动网络运营商包括中国电信、中国移动、中国联通等；移动电子商务应用服务提供商主要包括京东、百度、腾讯等互联网公司提供的平台、增值服务、内容等；支付服务机构主要包括支付宝、微信支付、京东支付等；物流公司主要包括顺丰速运、圆通速递等；移动终端制造商主要包括华为、小米、苹果等；供应商主要是指消费者所购买产品或服务的生产者。移动电子商务价值链的主要构成要素如图2-1所示。

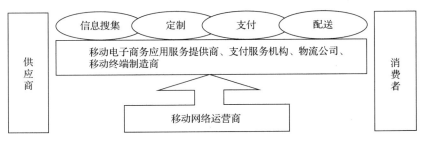

图2-1 移动电子商务价值链的主要构成要素

### 课堂讨论

除了图2-1所示的构成要素外，移动电子商务价值链还包含哪些构成要素？为什么？

## 2.2 移动电子商务的商业模式

商业模式是企业对其价值创造、交付和获取机制的设计或架构。商业模式最大的功能就是将新技术商品化，从而为企业和客户创造价值。根据哈默尔的研究，企业要想在创新时代中生存，必须构建一个能在价值网络中进行价值创造和价值获取的商业模式。由此可知，商业模式的核心是价值创造。所以，研究移动电子商务商业模式的目的就是找出移动电子商务运营中的价值创造环节，并分析价值在价值链中传递和转移的过程。本书中的移动电子商务商业模式指的是移动电子商务价值链中相关的经济实体如何通过移动互联网开展商务活动，从而创造、实现价值并获得利润。移动电子商务的参与各方均可以主导形成不同的商业模式，也可以多方共同主导形成商业模式。本书根据主导的主体类型对移动电子商务的商业模式进行分类。

## 2.2.1　传统电子商务企业主导的商业模式

传统电子商务企业主导的商业模式可以看作传统电子商务的移动化。随着移动互联网的发展，移动购物市场不断扩张。随着移动端网购设备的升级，许多新功能得到开发，进而带来了消费模式的变化。移动端网购设备的发展阶段以及PC端网购设备和移动端网购设备的区别如图2-2所示。

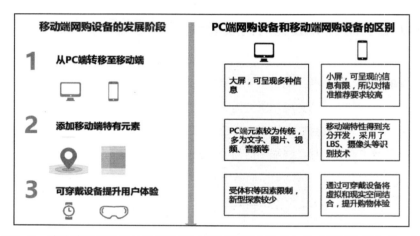

图2-2　移动端网购设备的发展阶段以及PC端网购设备和移动端网购设备的区别

目前，国内主流电子商务企业纷纷通过各种形式开展移动电子商务，其中比较有代表性的是京东、淘宝网、当当网等在传统电子商务时代已经有所积累的电子商务企业。对这类企业而言，它们原先只将移动电子商务作为传统电子商务形式的补充，只是增加了一个销售渠道而已，但随着移动互联网时代的到来，移动电子商务形式将成为未来的重点发展方向。

传统电子商务企业主导的商业模式主要有以下几个优势。

### 1. 品牌优势的延续

经过传统电子商务的发展和积累，传统电子商务企业已经在广大用户中树立了较好的品牌形象，这对其开展移动电子商务具有很大的促进作用。一方面，品牌效应可以促使传统电子商务企业建立的移动电子商务平台快速地被移动互联网用户所接受，有利于移动电子商务服务的提供；另一方面，凭借在传统电子商务中的积累，传统电子商务企业拥有一定的品牌号召力，这有利于其与移动电子商务上下游产业链主体开展合作，共同推进移动电子商务的发展。

### 2. 优秀的电子商务管理和运营能力基因的继承

移动电子商务的发展需要运营主体具有较强的电子商务管理和运营能力。人力资源方面需要有专业的策划团队、运营团队和客户服务团队，实际运营需要有物流、仓储等硬件条件的支持，业务开展需要有多元化的商品渠道及丰富的商户资源——传统电子商务企业在这些方面有良好的积累。传统电子商务企业在PC端已经搭建了运营较为完善的服务平台，移动电子商务服务可以被看作是PC端电子商务平台的移动入口，能为其带来移动终端上的销售，为用户提供无缝衔接的服务，用户在移动端不方便完成的业务将在PC端上得到延续和强化。

### 3. PC端用户资源的继承

移动互联网用户与传统互联网用户存在一定的重叠，在PC端有良好购物体验的移动互联网用户，可以在接触不到PC端的闲暇时间，轻松地使用移动电子商务平台进行购物。这部分移动互联网用户构成了传统电子商务企业开展移动电子商务服务最原始的用户积累，并为传统电子商务企业未来业务的开展奠定了良好的发展基础。而由于社区化和用户口碑的传播效应，相对于移动电子商务产业链的其他主体，传统电子商务企业搭建的移动电子商务平台具有更广泛的用户影响力。"品牌运营"是传统电子商务企业切入移动电子商务领域比较典型的方式。

---

**⤬ 课堂讨论**

传统电子商务企业主导的商业模式，除了有以上优势外，还有哪些优势？

---

**📖 案例分析** **唯品会——限时特卖引领移动电子商务模式创新**

唯品会的限时特卖模式为其最大的特色。目前，唯品会品类由服装向母婴、美妆扩展，同时它布局了跨境电子商务业务，由垂直领域向综合领域发展，拥有优秀的买手团队和较强的营销、运营能力。唯品会的商业模式如图2-3所示。

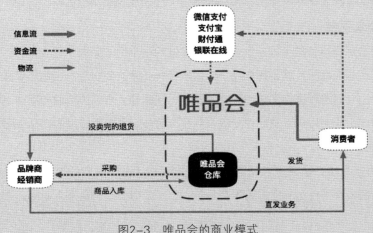

图2-3 唯品会的商业模式

为了适应移动互联网的发展，唯品会推出了移动端 App。唯品会 App 扁平化的设计、便捷的购买体验，更加贴近年轻消费者的品位，不设定搜索栏的模式满足了很多消费者"逛"的需求，充分调动了消费者"求新求变"的心理和购物欲望。图 2-4 所示的易观千帆发布的 2020 年 10 月综合电商互联网产品用户活跃人数 Top 7 排行榜数据显示，唯品会居第 3 位。易观智库分析认为，移动端在电子商务中重要性已超过 PC 端，成为网上零售市场最为重要的入口，移动端的技术特性和碎片化的特点，也给网上零售市场带来全新的变化。

| 2020年10月综合电商互联网产品用户活跃人数Top 7排行榜 | | | | | |
|---|---|---|---|---|---|
| 排名 | Logo | 应用名 | 行业 | 活跃人数/万 | 环比增幅/% |
| 1 | 淘 | 淘宝 | 综合电商 | 41 763.98 | +5.93 |
| 2 | | 京东 | 综合电商 | 19 525.15 | +3.66 |
| 3 | 唯品会 | 唯品会 | 综合电商 | 5 469.9 | +3.96 |
| 4 | 天猫 | 天猫 | 综合电商 | 5 035.07 | +1.1 |
| 5 | | 苏宁易购 | 综合电商 | 3 820.91 | -0.94 |
| 6 | | 分期乐 | 综合电商 | 701.55 | -0.66 |
| 7 | 聚美 | 聚美优品 | 综合电商 | 508.91 | +1.23 |

图2-4　2020年10月综合电商互联网产品用户活跃人数Top 7排行榜

## 2.2.2　内容运营服务企业主导的商业模式

在移动电子商务发展过程中，诞生了一批依靠移动互联网红利发展起来的新兴移动电子商务平台。这些平台专注于对移动电子商务专有服务模式的创新。2016年被称为"内容元年"，这一年，各大新媒体平台相继崛起，其中包括微信公众平台、今日头条、小红书等。最初，各大平台通过发布话题内容来增加阅读量和提高点击率，同时在发布的内容下方设置广告或售卖商品来获利。但近几年，各领域的"达人"体验帖、"种草"文等成为新的消费指引。

### 1. 微信公众平台

微信公众平台是腾讯针对个人、企业和组织开发的一个用于提供业务服务、用户管理的全新服务平台。企业在开通平台后，就会拥有一个应用账号——微信公众号。企业登录微信公众号后可以在微信公众平台上与消费者进行文字、图片、语音、视频等全方位的沟通和互动。消费者关注微信公众号即可成为该企业的用户，从而享受该企业在微信公众平台上提供的产品或服务。微信公众平台的运作模式如图2-5所示。

从图2-5中可以看出，在通常情况下，用户只要关注了某个企业的微信公众号，就可以进一步享受该企业在微信公众平台上所提供的所有服务。用好微信公众平台是企业用好微信、展开微信营销的前提。

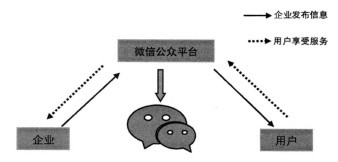

图2-5　微信公众平台的运作模式

微信可用于进行多层面的沟通，如私密的、开放的等。在微信群聊天、发布朋友圈更多的是一种个人行为，即私密的沟通；微信公众平台则是集体行为、公众行为，即开放的沟通。在不同的模式下，推广、宣传方式尽管有所相似，但效果大相径庭。微信公众平台功能完善、设置人性化，比个人微信更系统、更完善，更有利于营销工作的开展。因此，企业进行微信营销时不能局限于使用微信群、朋友圈等功能，而应该打造一个属于自己的微信公众号。

微信公众平台在微信营销中非常重要，企业没有这个平台，或者不运营好这个平台，所谓的微信营销就是不完整的，甚至是没有太大的意义的。许多优秀的企业，或者在微信营销方面取得突出成就的企业都有自己的微信公众号，它们的微信公众号也赢得了大量粉丝的青睐。

### 2. 今日头条

今日头条是一款基于大数据的推荐引擎产品，它以用户的点击量为依据为用户提供感兴趣的信息，是一种为受众提供信息的新型服务平台，是国内移动互联网领域发展较快、用户较多的产品之一。最初，大量创作者入驻今日头条，其有两种盈利方式：一是在该平台发布内容，通过获得一定的点击量和用户的关注来获取平台佣金；二是通过开设头条号并插入广告，获得产品收益。到后来，边界被不断拓展，更多创作者选择某一类话题进行深入挖掘，吸引一定的用户群体，并赋予产品意义，以增加用户的情感调动。目前，在该平台受关注比较多的是三农产品，越来越多的来自农村的创作者通过手机录制以"生活琐事"为主题的视频，获得了大量的用户关注。

### 3. 小红书

小红书是2013年出现的一款生活方式分享平台，其内容包含美妆、运动、旅游、家居、酒店等触及消费经验和生活方式的众多方面。作为一个拥有2亿名用户、每天近10亿次曝光量的购物分享社区来说，小红书具有独特的运营模式。小红书与众多知名人士和优质美妆博主合作，分享他们的使用笔记，力争打造优质的"种草平台"。其具体运营策略有以下两个方面。

（1）营造"现象级刷屏"。一些商家与"网红"合作，首先对用户进行画像分析，其次借助大数据分析同行竞品词，然后根据用户心理发起话题，推出"爆款"，最后由众多"网红"联合推荐产品，营造特定的内容营销氛围，通过赠送试用装、评论有奖等活动，借助粉丝力量使营销产生裂变效应。

（2）抓住用户心理需求。小红书通过新颖的社区活动来引导用户展示自己消费的产品，并让用户养成一种分享的习惯。小红书会推出不同的主题，用户可以根据主题去分享内容。用户分享的一些日常消费产品和店铺内容会以视频和图文的形式发布，引导其他用户的消费方向，促使其他用户产生购买行为。

### 2.2.3 "线上+线下"企业主导的商业模式

2011—2020年是移动互联网的"黄金十年"，流量红利是这10年移动互联网发展的关键，融资以及利用补贴迅速积累用户、扩大市场规模是企业理想的增长曲线。在这激荡的10年里，各行业百花齐放。

#### 1. 社区团购

社区团购以小区为单位招募团长，团长建立交流群，并定期发布团购商品，消费者自行下单，商品次日送达团长处；再由团长配送或消费者自提商品，团长一般能赚取商品总额的5%～15%，作为佣金分成。社区团购的发展历程如图2-6所示，其运作模式如图2-7所示。

图2-6 社区团购的发展历程

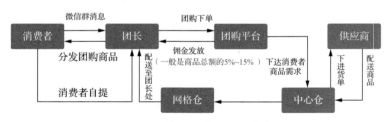

图2-7 社区团购的运作模式

社区团购的市场特点是物流成本与获客成本双低。不同于传统生鲜电子商务，社区团购商品价格低廉，以下沉市场为主战场；采用"自提+预售"模式，物流配送成本低；同时借由团长的半熟人关系圈获客，获客成本低。

#### 2. 网约车

网约车为网络预约出租汽车经营服务的简称，是指以互联网技术为依托构建服务平台，接入符合条件的车辆和驾驶员，通过整合供需信息，提供非巡游的预约出租汽车服务的经营活动。

（1）曹操出行

曹操出行是吉利控股集团布局"新能源汽车共享生态"的战略性投资业务，以"不辜负每一程的相遇"为使命，将全球领先的互联网、车联网、自动驾驶技术以及新能源科技，应用于共享出行领域，致力于重塑低碳、健康、共享的人车生活圈，打造全球领先的科技出行平台。2019年2月14日，曹操专车宣布"曹操专车"升级为"曹操出行"。

（2）T3出行

T3出行是以"成为最值得信赖的出行服务企业"为品牌愿景的智慧出行生态平台。T3出行是一个功能强大的出行平台，它与地方交通企业密切合作，充分整合服务资源，打造定制化产品。T3出行在全国运营城市上线"健康车"，为市民出行带来"安全"+"健康"双重守护，通过大数据、车联网等技术，全方位守护司乘安全、健康。

（3）首汽约车

首汽约车是专注出行、打车服务70年的首汽集团开发的网约车、专车、租车出行平台，为用户提供安全、便捷、舒适的高品质专车、快车出行服务。首汽约车全面覆盖专车、出租车、国际用车、巴士、深港通、无障碍、短租自驾、包车、会议用车、接送机等出行业务，可满足广大用户日常打车、商务用车、商旅出差、旅游旅行的各项出行需求。

（4）神州专车

神州专车打车方便，随叫随到，同时用神州专车App支付也很方便，可选择微信、支付宝等支付方式。神州专车还可以预约用车，包括很多中高端车型，是专车接送的较好选择。

网约车监管信息交互平台统计，截至2020年10月31日，全国共有207家网约车平台公司取得网约车平台经营许可，各地共发放网约车驾驶员证254.5万本、车辆运输证105.9万本。各网约车平台在2020年10月共新注册合规驾驶员4.9万人，新注册合规车辆3.5万辆。

## 2.2.4　网络运营商主导的商业模式

此处的网络运营商主要指提供数据服务的移动通信运营商。在我国，目前网络运营商主要有中国移动、中国联通和中国电信。网络运营商直接与商业用户或个人用户建立联系，在移动终端中采用特制的SIM卡或其他能标识身份的卡片辨识用户，同时依托该身份特征参与完成用户的多项交易。网络运营商主导的商业模式的主要优势有以下几个方面。

**1. 庞大的用户规模和天然的基础信任**

网络运营商多年来的运营积累、庞大的用户规模和与用户之间天然的基础信任非常有利于其移动电子商务的开展，尤其是广受群众好评的网络运营商客服中心为网络运营商加分不少。相对于传统电子商务企业，网络运营商的网点设置和国家信用的保证为移动电子商务的交易提供了更多的保障。

**2. 小额支付开展便利**

基于用户账户的身份识别与用户账户绑定，无论是预付费用户还是后付费用户，网络运营商都有成熟渠道与之进行结算。尤其是在移动互联网时代，定价不太高的虚拟产品的渠道优势非常明显。目前，中国移动在全网运营的商店在数字产品（包括电子阅读、娱乐类数字产品）市场有较高的渗透率。

### 3. 营销便利

网络运营商掌握着用户大量的消费数据，同时，在目前的通信运营方式下，手机必须在基站注册（自动注册）才能使用服务，基站可记录用户的基本地理位置信息。网络运营商通过分析并加工这些数据，可以发布或推送更有针对性、更为精准的广告，实现更好的营销效果。

📖 案例分析 | ## 中移电子商务有限公司——移动支付专家

中移电子商务有限公司是中国移动应央行监管要求，委托湖南移动出资于2011年6月设立的全资子公司，其注册资本为5亿元。它现已获得中国人民银行颁发的互联网支付、预付卡发行和受理、移动电话支付、银行卡收单等支付业务许可证；获得中国证券监督管理委员会批准开展基金销售支付结算业务；获得湖南省通信管理局颁发的增值电信业务经营许可证。

中移电子商务有限公司作为中国移动旗下唯一一家提供支付清算服务的公司，负责中国移动全网"和包"业务的平台建设、产品研发、业务运营。其业务品牌为"和包"，品牌定位为"移动支付专家"，为用户提供线上话费流量充值、线下手机刷公交地铁等支付服务。"和包"提供的移动服务如图2-8所示。

图2-8 "和包"提供的移动服务

## 2.2.5 金融机构主导的商业模式

目前，中国工商银行、中国农业银行、中国银行、中国建设银行、交通银行、招商银行、上海浦东发展银行、中国民生银行、华夏银行等金融机构在开展移动电子商务业务时，其主要商业模式之一是将信用卡商城移植到移动平台。目前，国内各大银行纷纷建立了信用卡商城。如今，银行拥有大量网银支付用户，这个渠道的价值正在不断增大。网银不断融入用户的日常生活，开通手机银行的用户也越来越多。中国金融认证中心（China Financial Certification Authority，CFCA）在"2020银行数字生态与普惠金融峰会暨第十六届中国电子银行年度盛典"上发布的《2020中国电子银行调查报告》显示，2020年个人网上银行用户比例达59%，较2019年增长3个百分点，增速持续放缓；而个人手机银行用户比例依然保持着较高的增长速度，2020年增幅达到8%，用户比例达到71%，同比增长12%。2020年企业网上银行渗透率为83%，相比2019年上升2个百分点；企业微信金融服务的渗透率为45%，相比2019年上升8个百分点；企业手机银行渗透率为42%，相比2019年上升1个百分点，其中大型企业手机银行渗透率最高，达到55%，小微企业手机银行渗透率达到40%。

电子银行移动渠道继续迅猛发展，是电子银行用户增长主力。银行有着天然的公信力，且它们在选择商家时的审核机制也较严格，这使得进入门槛有所提高——有一定品牌知名度的产品才能进入商城，这使得产品质量更有保障。而在银行提供的平台上进行交易，有利于促进在线交易的完成，有利于提高用户对商家和品牌的信任感。在众多的电子商务渠道中，银行信用卡商城用户的消费能力最强，一般的信用卡用户都已经通过银行审核，有一定的经济基础。由此可知，银行信用卡商城更适合销售价廉物美的生活用品或者是单价较高的奢侈品。为了调动持卡人的消费积极性，对于金额较大的消费，银行通常都会提供半年、一年的免息分期还款服务，减轻持卡人的一次性支付压力，这也成为银行信用卡商城销售奢侈品得天独厚的优势。虽然银行信用卡商城起步较晚，但银行作为专业的金融机构，依托庞大的信用卡用户资源、可信赖的支付环境及安全的购物渠道，仍然具有无可比拟的优势。

金融机构主导的商业模式的主要优势有以下几个方面。

（1）用户已进行基本过滤，信用卡持卡人本身属较高端用户，发卡时已进行基本甄别，其支付能力相对较强、支付意愿相对较高。

（2）信用卡支付方式灵活，可一次性支付，也可分期支付。分期支付对于金额较大的高毛利产品交易有相当大的促进作用。

（3）金融机构更便于开展理财、保险等金融产品的移动交易。

金融机构主导的商业模式类似于网络运营商主导的商业模式，也属于"渠道平台"模式。与网络运营商主导的商业模式不同，金融机构主导的商业模式除了提供与金融业务相关的虚拟产品外，一般不提供增值业务等虚拟产品。

**案例分析** 招商银行信用卡 App——掌上生活

早在2002年，招商银行就开始提供信用卡的一体化、专业化服务，是中国信用卡市场的先行者。自同年12月发行国内首张符合国际标准的"一卡双币"信用卡至今，它取得了一系列令人瞩目的成绩。

掌上生活是招商银行于2010年推出的一款手机 App，全面升级了信用卡的使用体验。掌上生活页面如图2-9所示。

图2-9 掌上生活页面

作为首家推出移动互联网 App 的国内信用卡机构，招商银行将本行信用卡的优质服务和手机终端有效结合，可以满足人们在5G 时代对移动服务的需求，更为持卡人的日常生活带来了极大便利。

招商银行推出的移动支付产品"一闪通·云闪付"，基于近距离无线通信技术（Near Field Communication，NFC），使用时只需将手机靠近带有"闪付"标志的 POS 机即可完成支付，无论是便捷性还是安全性都实现了大幅提升，为持卡人提供了更快捷、更方便、更安全的支付体验。用户仅需一部具有 NFC 功能的手机、一张招商银行信用卡、一款掌上生活 App 即可开通该业务。

掌上生活为每一位用户提供便利的生活金融服务工具，用更丰富的内容连接千万人的生活、消费、金融。

**课堂讨论**

请思考一下金融机构主导的商业模式与传统电子商务企业主导的商业模式有哪些区别。

 **素养拓展**

# 荒山变金山，百合照亮乡村振兴路

2021年6月11日，第七届中国国际"互联网+"大学生创新创业大赛"青年红色筑梦之旅"活动在江西举办，来自五湖四海、高举"创新创业旗帜"的青年学子从助力脱贫攻坚战投身到推动乡村振兴事业发展，以"我敢闯，我会创"的青年担当，释放青年创新创业的无穷力量。

发展产业是实现乡村振兴的根本之策，各地要因地制宜，把培育产业作为推动乡村振兴的根本出路。而在红色基因哺育下茁壮成长的井冈山大学青年学子在"青年红色筑梦之旅"的带动下，反哺革命老区的社会经济发展。

2013年，井冈山大学成立"百年好合"项目团队，团队利用所掌握的百合种植技术和移动电子商务手段助力革命老区脱贫攻坚和乡村振兴，将青春梦想书写在广阔的农村大地上，先后在江西革命老区莲花县和井冈山等地因地制宜发展百合种植产业。2020年7月28日，由莲花县和井冈山大学共同搭建的2020年全国"青年红色筑梦之旅"线上对接活动百合种植基地分会场火热启动直播"带货"。在莲花县湖上乡南村百合种植基地采挖现场，校地双方通过抖音平台进行电商直播，推广销售百合产品。当日，直播"带货"销售鲜百合567单，总销量为1 288千克，销售额为31 304元。观看"百年好合"项目直播的观众有1.1万人，点赞2.2万次。

此外，"百年好合"项目团队还针对井冈山是旅游胜地和林地多的特点，在野生百合的基础上，为井冈山量身打造了"百合生态农业+旅游"的农旅发展模式。"百年好合"项目团队通过微信公众平台等以内容电商的方式进行推广，吸引了广大消费者的关注。依托于移动电子商务，山中的万亩百合让革命老区焕发了生机，将荒山变成了农民的致富幸福之山。

# 第3章

## 内贸移动电子商务平台及应用

**知识结构图** ↓

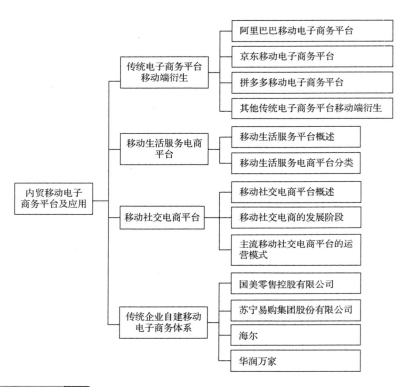

**学习目标** ↓

- 了解传统电子商务平台移动端衍生。
- 了解移动生活服务电商平台分类。
- 掌握移动社交电商平台的概念、特点。
- 掌握主流移动社交电商平台的运营模式。
- 了解传统企业的移动端布局。

**素养目标** ↓

- 小心使用App，防范个人信息泄露。
- 培养在开展电子商务活动时对用户隐私数据等的保护意识。

扫一扫

学思融合

**小狗吸尘器移动电子商务应用布局**

小狗吸尘器是第一家入驻国美、苏宁电器的吸尘器品牌，注册于1999年，同年9月进驻蓝岛、西单、燕莎等百货商场。2007年，小狗吸尘器从线下渠道转战线上。

目前，小狗吸尘器已实现全网覆盖，先后入驻淘宝网、天猫、京东、苏宁易购、唯品会、速卖通、eBay等网络平台，基本形成了以淘宝和手机天猫客户端的旗舰店为主的无线交易矩阵。与此同时，小狗吸尘器通过官方微博、微淘、微信订阅号与服务号等的精耕细作，最大化地发挥出了企业推广账号的媒体属性、社交与客服功能，并形成了以"PC端流量转化+CPC广告+SNS引流+App互推"为核心的无线导流策略与实践体系，从而搭建起跨平台、多应用支撑的"交易 + 流量 +SNS+CRM"多功能协同发展的无线交易矩阵。

# 3.1　传统电子商务平台移动端衍生

电子商务平台是为企业或个人提供网上交易、洽谈零售业务服务的平台。企业电子商务平台是建立在互联网上的主要用于商务活动的虚拟网络空间，是保障电子商务顺利运营的管理环境，是协调、整合信息流、物流、资金流有序、关联、高效流动的重要场所。电子商务平台在国内发展已比较成熟，国内典型的B2C平台主要有阿里巴巴的淘宝、天猫和京东，以及发展迅速的拼多多。目前，随着移动电子商务的发展和消费者日渐养成使用移动端购物的习惯，传统电子商务企业也在不断创新和补充移动端的功能。

## 3.1.1　阿里巴巴移动电子商务平台

阿里巴巴从淘宝网的创立开始，不断完善电子商务零售行业基础设施，以零售业务为核心，实现跨越式发展，打造以电子商务为主业的生态圈。目前，阿里巴巴在内贸方面的零售电子商务移动平台主要有淘宝、天猫、淘特、一淘、闲鱼等。

淘宝客户端依托淘宝网强大的自身优势，整合旗下以团购为主的聚划算、品质有保证的淘宝商城、商品品类丰富的淘宝集市，具有搜索比价、订单查询、购买、收藏、管理、导航等功能，能为用户提供快捷流畅、随时随地进行移动购物的新体验。淘宝客户端是我国具有一定知名度和影响力的零售电子商务平台。网经社电子商务研究中心发布的《2021年4月电商App月活数据报告》显示，2021年4月淘宝App活跃用户为44 981.63万人，环比增幅为0.2%。淘宝App是淘宝官方专为手机用户推出的满足其生活消费和线上购物需求的软件，具有查看附近的生活优惠信息、搜索商品、浏览、购买、支付、收藏、查询物流信息、在线沟通等功能，成为手机用户方便快捷的生活消费入口。

天猫原名淘宝商城，2012年1月，淘宝商城正式宣布更名为"天猫"，成为淘宝网全新打造的B2C商业零售新载体。天猫整合了数千家品牌商、生产商，为商家和消费者提供一站式解决方案，并提供品质有保证的商品，以及购物积分返现等优质服务。2014年2月，天猫国际正式上线，为国内消费者直供原装进口商品。手机天猫App是天猫官方专门针对手机用户推出的时尚购物、正品购物和极速购物的应用。

为适应消费分级的需要，为低价商品提供电子商务生存空间，阿里巴巴上线了淘宝特价版平台，推出了淘特App。淘特App的主要特点是走低价路线，借助淘宝的平台优势，提供小件低价商品购买服务，且该App占用内存更小、内容更精，主要是淘宝上的特价商品。在淘特App里，打造低价、大流量爆款成为商家们的运营目标。

从流量趋势来看，流量最大的是淘宝App，转化率最高的是手机天猫App。截至目前，淘宝App、手机天猫App、淘特App这3个平台的移动店铺都可以通过进入无线运营中心直接装修，且其操作简单便捷。图3-1所示为淘宝App首页，图3-2所示为手机天猫App首页，图3-3所示为淘特App首页，图3-4所示为无线运营中心。

图3-1 淘宝App首页

图3-2 手机天猫App首页

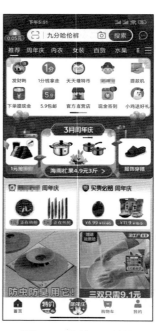
图3-3 淘特App首页

图3-4 无线运营中心

一淘网是阿里巴巴旗下的促销类导购平台，成立于2010年，手机App为一淘。一淘立足于淘宝、天猫、飞猪等阿里巴巴旗下平台的商品基础，通过返利、红包、优惠券等丰富的促销手段，为用户提供高性价比的购物体验，是用户的网购利器。闲鱼是阿里巴巴旗下的闲置物品交易平台App，可进行二手商品的交易，同时还具有拍卖功能，拥有"无忧购""会玩社区""新线下"三大业务。目前闲鱼用户数已经达到3亿，成为阿里巴巴继淘宝、天猫之后打造的第3个亿万级平台。

以上手机App的移动端口对平台的依赖依旧存在，店铺的运营和用户的维护仍需要在平台上完成。手机App是传统电子商务平台在移动端的拓展，并没有在真正意义上实现移动端的全运营，在社会化营销、口碑营销和分销方面还需要优化提升，而阿里巴巴推出的淘小铺正好弥补了以上不足。

## 3.1.2　京东移动电子商务平台

京东是综合网络零售商，也是我国电子商务领域颇受消费者欢迎和具有一定影响力的电子商务网站之一。京东从2011年开始全面布局移动端，于2011年2月发布了第1版京东商城iPhone客户端软件，随后陆续推出了安卓、Windows Phone等平台的客户端软件，之后又上线了iPhone团购、电子书客户端。京东的移动端不仅具有下单、查询订单、搜索商品、晒单、商品评价等常用功能，还具有特有的"条码购""轻松购""订单提醒"等特色功能。图3-5所示为京东App首页。

图3-5　京东App首页

为了进一步细分市场，让用户操作更方便，京东依据商品类别在移动端提供了不同的App，包括京东、1号会员店、京东到家等。

### 3.1.3 拼多多移动电子商务平台

成立于2015年的拼多多是国内移动互联网的主流电子商务网站，用户通过发起和朋友、家人、邻居等的拼团，可以以更低的价格买到需要的商品。拼多多旨在凝聚更多人的力量，帮助用户用更低的价格买到更好的商品，获得更多的实惠和乐趣。

拼多多在2015年9月正式上线网页端和移动端业务；到2016年7月，拼多多用户量突破1亿人；截至2020年年底，拼多多年活跃用户数达7.884亿，较2019年年底的5.852亿增长约35%，成为我国用户规模较大的电子商务平台之一。

拼多多早期采用工厂、原产地直销的方式以及个人商户入驻的形式，侧重于发展乐于购买低价商品的用户，开店规则简单，以甩货为目的，经常采用品牌清仓、天天领现金、现金签到、砍价免费拿等推广方式；用户经常是从"秒杀"、特卖、清仓、免单的区域进入购买商品的。图3-6所示为拼多多App首页。

图3-6 拼多多App首页

### 3.1.4 其他传统电子商务平台移动端衍生

为适应移动购物的浪潮，提供高效、便捷、全时段的服务，加强客户关系管理，其他行业的电子商务平台也纷纷推出了自己的移动端应用。以下是几个比较有代表性的平台。

**1. 唯品会**

唯品会的主营业务为利用互联网在线销售品牌折扣商品，涵盖服饰鞋包、美妆、母婴、家居等各大品类。唯品会开创了"名牌折扣+限时抢购+正品保障"的电子商务模式，并持续升级为"精选品牌+深度折扣+限时抢购"的特卖模式。

为了拓展移动端业务，唯品会单独成立了移动事业部，持续推进移动战略，不断提升用户在移动端便捷、快速、场景化、个性化的购物体验。例如，持续细分移动端类目、增强与会员的互动、推出超级品牌日、持续创新图像识别、"千人千面"等个性化技术的研发和运用，带给用户网上逛街般的场景化购物体验。图3-7所示为唯品会App首页。

图3-7　唯品会App首页

### 2.　蘑菇街

蘑菇街是专注于女性时尚消费的电子商务网站，通过形式多样的时尚内容、种类丰富的时尚商品，让消费者在分享和发现流行趋势的同时，尽情享受优质的购物体验。2011年，蘑菇街正式上线，2016年1月，蘑菇街与美丽说进行战略融合，旗下包括蘑菇街、美丽说等产品与服务。蘑菇街的商品均由平台官方审核，在前端导购方面提供较多的服务，侧重引导消费者发现最佳单品和店铺、分享购物乐趣等。

为推进移动端建设，蘑菇街从2013年开始建立App数据体系，推出移动端App，第二年移动端的流量便已超越PC端。由于蘑菇街以社区起家，蘑菇街App注重社交分享和内容开发，除首页上方的电商类目导航之外，还有直播入口、时尚内容和"红人"社区三大内容板块。新版App设置"动态发表"等按钮，为消费者自发内容分享提供入口。同时，蘑菇街利用时尚趋势大数据在消费者购买衣服时给出合理建议，并将人工智能与时尚电商结合，向消费者推荐更符合其本人的搭配因素。图3-8所示为蘑菇街App页面。

### 3. 网易严选

网易严选是网易旗下原创生活类自营电商品牌，于2016年4月正式面世，是国内首家ODM模式的移动电子商务平台，以"好的生活，没那么贵"为品牌理念，为用户甄选高品质、高性价比的产品。

网易严选以情怀打造平台的态度与用户对产品品质的追求达成一致，其网页整体风格统一、结构清晰明了，给用户耳目一新的感觉；有明确的平台产品品类定位，能快速锁定用户需求；页面品类目标性强，通过细分及垂直，圈定目标用户群使服务更到位；页面上的场景引入、社区构建为用户提供了购物参考，整体的使用效率较高，极大地缩短了用户的购买路径。图3-9所示为网易严选App首页。

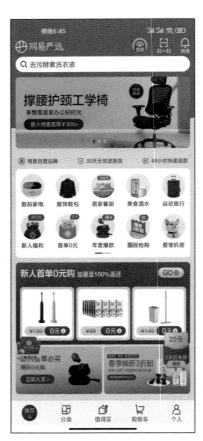

图3-8　蘑菇街App页面　　　　图3-9　网易严选App首页

#### 课堂讨论

互联网行业有句话："只有第一，没有第二。"京东、天猫和拼多多的 App 都是非常成功的 B2C 移动电子商务应用。请对比这 3 家企业的 App，分析其各自的运营特点，说说为什么这 3 家企业的移动电子商务发展良好。

# 3.2 移动生活服务电商平台

## 3.2.1 移动生活服务电商平台概述

生活服务电商是基于生活服务行业并为之服务的一种电子商务形式。狭义的生活服务电商是指针对人们的日常生活提供的家庭服务，分为到店服务与到家服务两大类。广义的生活服务电商包含人们日常生活所需的多方面的服务，包括在线餐饮外卖、在线租房、在线招聘、在线旅游、在线教育、在线交友、在线出行等。生活服务电商与零售电商及B2B电商都是电商的核心组成部分。

网经社电子商务研究中心发布的《2020上半年中国电商上市公司数据报告》显示，2020上半年19家生活服务电商营收总额为671.35亿元，平均营收为35.33亿元。随着生活服务电商交易额的不断上升，市场的精细化发展也逐渐明显，各类型的移动生活服务电商平台相继出现。

发展快速的生活服务电商也获得了投资方的青睐，表现出相当强的融资吸引力，成为投资热点，尤其是在交通出行、餐饮外卖、生鲜电商等领域，其对应的手机App在不断地整合和更新中。数据显示，截至2020年4月，生活服务类App达31.1万款。

## 3.2.2 移动生活服务电商平台分类

依据服务内容的不同，移动生活服务电商可分为8个细分领域，分别为本地生活、旅游住宿、交通出行、在线租房、教育医疗、在线票务、在线外卖、社区服务，其对应的占有较大市场份额和具有较大影响力的平台如表3-1所示。

表3-1 8类移动生活服务电商平台

| 序号 | 类别 | 移动生活服务电商平台 |
|---|---|---|
| 1 | 本地生活 | 美团、大众点评、58同城、闲鱼、赶集网、齐家、土巴兔、美餐 |
| 2 | 旅游住宿 | 携程旅行、去哪儿旅行、飞猪旅行、马蜂窝旅游、途牛旅游、同程旅行、艺龙旅行、驴妈妈旅游、Airbnb爱彼迎、小猪民宿 |
| 3 | 交通出行 | 哈啰出行、嘀嗒出行、神州租车、滴滴青桔、首汽约车、曹操出行、GoFun出行、一嗨租车 |
| 4 | 在线租房 | 安居客、链家、自如、我爱我家 |
| 5 | 教育医疗 | 学而思网校、春雨医生、好大夫在线、快速问医生、丁香医生 |
| 6 | 在线票务 | 淘票票、1905电影网、猫眼、大麦、时光网、万达电影 |
| 7 | 在线外卖 | 美团外卖、饿了么 |
| 8 | 社区服务 | 货拉拉、好慷在家、千丁、无忧保姆、e袋洗 |

随着移动互联网市场的更新迭代，各种类型的移动应用不断出现，移动生活服务服务电商应用的类型也越来越多，但只有能提供本地生活服务的App才能在竞争中生存下来。图3-10和图3-11所示分别为58同城App首页和携程旅行App首页。

图3-10  58同城App首页          图3-11  携程旅行App首页

在快节奏的生活中，生活服务类App要能给用户提供便捷的生活方式，使用户足不出户就能获取生活所需，同时让用户能随时随地了解商家产品信息、促销信息，刺激用户的购买欲。因而其必须实现提供便民服务、解决用户生活场景痛点、预约简单快捷等功能，而且需要联合本地服务商家，让商家加入实现便利生活的队伍中来，成为平台持续运营的重要支撑。生活服务类App必须是一个具有区域性、差异化优势的移动电子商务平台，它的核心功能一定是为用户提供丰富、全面、及时的商家折扣信息，帮助用户快捷筛选并订购适宜的产品或服务。

# 3.3  移动社交电商平台

随着智能技术的发展，移动应用类别更加多样，社交类App也呈现出多元化的特点。在移动应用用户规模总体增速放缓的情况下，移动应用在应用场景方面往更加垂直的方向发展，尤其是直播"带货"、短视频电商等新兴业务出现了快速增长，从而挖掘了移动社交电商新的发展机会。

## 3.3.1  移动社交电商平台概述

### 1. 移动社交电商平台的概念

依据《社交电商经营规范》的定义，社交电商是基于人际关系网络，利用互联网社交工具，从事商品交易或服务提供的经营活动。

从方式来看，社交电商是通过互联网社交关系网络在朋友圈、微信群、内容平台、社区平台等各类去中心化渠道进行信息传递和商品交易的网络销售模式；从状态来看，社交电商是将关注、分享、沟通、讨论、互动等社交化元素应用于电子商务交易过程的现象；从过程来看，社交电商就是通过社交工具的应用及社交媒体、网络的合作，完成企业推广和商品的最终销售。

移动社交电商平台就是基于移动社交软件从事电子商务活动的平台，具有"移动+社交+电商"的多重功能。

## 2. 移动社交电商平台的特点

电子商务行业的发展历程可以分为3个阶段：电商1.0时代，以淘宝、天猫、京东等网上商城为代表，行业竞争聚焦于物流体系和价格；电商2.0时代，以移动电商和以微商为代表的社交电商是主力，行业主战场转移至移动端；电商3.0时代，即"电子商务生态圈"时代，线上线下融合的渠道模式和环形的供应链结构带动了大规模定制的生产模式，用户的需求、建议将对电子商务的运营产生更大的影响。

移动社交电商是继传统的网络购物和生活服务之后的新电商形态，是共享经济时代电商发展的必然产物。移动社交电商的商业变革使得传统电商的"平台化"模式被"去中心化"的社交电商模式所影响和颠覆。由这场变革掀起的行业浪潮也将改变现有格局，重新洗牌后，一批利用社交电商的红利率先崛起的行业新势力将会出现。

（1）以"人"为流量纽带

移动社交电商要基于人际关系网络，利用互联网社交工具，将社交元素应用于电子商务过程。在社交电商中，社交是手段，商业是目的。社交电商包含了社交流量商业化与电子商务社交化两方面的内容。随着传统电商的整体流量下滑，获客成本增加，社交流量处于新开发地带，转化势能明显。但社交电商的流量具有移动化、碎片化的特征，如何吸引碎片化流量成为抢占移动社交电商市场的关键。艾媒咨询发布的《2019年中国移动社交行业专题报告》显示，17.7%的受访网民表示乐意接受移动社交产品中的电商行为，26.6%的受访网民表示可以接受，31.3%的受访网民持中立态度。

（2）以信任和体验为基础

相关行业数据报告显示，60.1%的社交电商用户通过好友推荐产生购买行为，超过70%的用户愿意在社交网络分享购物情况。社交电商中的信任背书、价值认同、参与体验能够有效刺激购买需求，降低决策成本，增强决策信心，更有利于促成购买。换言之，在信任分享与好友推荐的基础上，具有价格优势与良好体验的商品、服务将受到社交电商用户的青睐，社交电商以人为中心展开竞争。

（3）具备分享和裂变功能

社交以人为链接，以人为核心，移动互联网下的社交更为广泛和快速。社交电商将社交工具与电商应用进行技术性结合，通过社交关系形成信任关系，推动用户在此基础上进行有价值的分享。用户在分享中更有主动性和参与感，在进行连接、交流时，不仅能得到情感交流，还能获取各类符合个人消费倾向的商品信息和分享者的使用体验，弥补了个人面对海量商品的盲从，消费触点更加直达和有效。

社交电商以用户的人际关系为着力点，通过人的裂变聚合形成需求侧的规模效应，反向驱动供给侧降本增效。每个移动端用户和社交工具都会形成多向互动终端传播，使得移动社交电商平台具备互动性、及时性、碎片化和品牌人格化的特点，并且逐渐成为人们生活中的重要工具。

（4）具有丰富的营销场景

区别于传统电商以产品经营为核心的理念，社交电商以用户经营为核心，利用多元的生活场景进行需求营销，追求使用户持续产生转化。在社交电商模式下，购物成为一件随时随地都能发生的事情，社交行为与购物行为的融合使得营销场景的内涵更加丰富、多元，触点即场景。

利用社交电商营销变现具有两面性。一方面，企业可以通过社交关系提高用户的信任度，缓解用户信息不对称的痛点，为部分用户创造价值；另一方面，企业极易因过度营销而损害社交产品的用户体验。

（5）用户社群化

移动社交电商不仅仅是移动化的电商，更核心的是人与社交。人际关系经营可变利益驱动的单纯买卖关系为情感驱动的社交好友关系，提高用户黏性。传统电商的用户集中在中心化平台，其身份是单一的、稳定的消费者；而社交电商的用户更多是社交时长充裕的群体，呈碎片化分布，在存续期间内，用户不仅仅是终端消费者，还可能扮演粉丝、会员、店主、商业伙伴等多重角色，能够纵向成长，持续创造价值，还可形成一个个社群。传统电商"物以类聚"，社交电商"人以群分"。

对B2C企业来说，移动社交电商就是走进消费过程，走进用户的生活方式，构建企业与用户之间的社交关系。在此基础上，企业调动人才、关系、知识和条件，为用户贡献价值。企业通过移动社交模式，深化与用户的一体化关系，从而让销售变成自然而然的结果。

## 3.3.2　移动社交电商的发展阶段

移动社交电商起源于社交对电商的介入，经历了从单一社交渠道建立商业端口到多元化社交工具的电商切入的过程。从平台的建设和应用角度来看，目前移动社交电商大概经历了两个发展阶段：一是依托于微信朋友圈、微信公众号等功能，以个人代购和团队分销为主要形式的微商群体阶段；二是各类垂直型内容电商兴起，以会员电商、品牌分销、粉丝经济、直播"带货"、门店社群等形式，通过多样化的社交工具进行全方位和渠道切入的多元社群阶段。

### （一）微商群体阶段

#### 1. 什么是微商

微商是新型电子商务模式的较早期形态，借助于微信、QQ、微博等移动社交平台，以社会化传播的方式开展产品和服务交易。近年来，随着移动网络的升级和智能手机的普及，移动端电子商务的营销环境逐步完善，移动端网购交易规模迅速扩大。作为移动端网购的组成部分，微商借助移动端网购市场的发展不断壮大。

#### 2. 微商的发展

微商的参与者非常多，市场竞争也比较激烈，活跃渠道多样，市场更加细化。微商主要依托于微信、微博、QQ等主流社交平台，也较多依托于第三方微店平台。不同的商家对不同的社交平台、第三方微店平台有不同的考量和侧重。例如，个人微商多活跃于微信朋友圈，品牌微商多活跃于微店。

相关数据显示，国内微店中，分布在三线及以下城市的占68%，且增速快于一、二线城市。从年龄层次上看，26～30岁的微店商家最多，占比达50%以上；从性别来看，微店店主以女性居多，占比超过70%。微商产品以快销品为主，这是由用户特征决定的。在微店所售卖的产品中，食品和化妆品/护肤品最多，分别占40.9%和36.3%。美妆、针织、母婴、大健康、农特等产品占据着微商的主要市场份额。

### 3.　微商平台

常见的微商平台有两种形式，第一种是利用H5技术构建独立的微信商城，第二种是中小企业及个人商家入驻主流第三方微店平台。

（1）利用H5技术构建独立的微信商城

H5是HTML5的简称，其主要的目标是将互联网语义化，以便其更好地被人和机器阅读，同时更好地支持各种媒体的嵌入。H5是集文字、图片、音乐、视频、链接等多种形式于一体的展示页面，有丰富的控件、灵活的动画特效、强大的交互应用和数据分析能力，可高速低价地实现信息传播，非常适合通过手机进行展示、分享。H5因其灵活性高、开发成本低、制作周期短的特性，成为当下企业营销的不二之选。目前，H5页面正通过微信广泛传播。利用H5技术开发微信商城也是企业的"触微"方式，这种方式非常有利于企业借助微信实施法律规定范围内的多级分销。例如小米商城，除了自行开发了小米商城App之外，也基于微信公众号开发了小米商城H5版微商城，以实现分销。图3-12所示为小米商城的微商城首页。

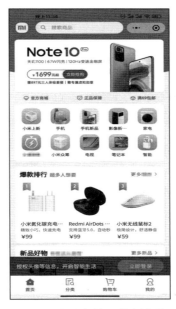

图3-12　小米商城的微商城首页

（2）中小企业及个人商家入驻主流第三方微店平台

第三方微店平台是指为中小企业和个人商家提供移动零售网店入驻、经营、商品管理、订单处理、物流管理、客户管理等服务的平台。第三方微店平台可协助中小企业和个人商家在微信上搭建微信商城，比较常见的有微信公众平台的微信小商店、有赞的微店、口袋购物的微店、京东微店等。

这些平台在建构的过程中充分考虑了微信、微博的特性，将其社交功能发挥得淋漓尽致，通过大数据分析对用户习惯进行了进一步的了解及跟进；在使用上操作便捷，用户无须懂得很多专业技术知识，只要知道触屏点击某一位置，就可以实现对应的流程；能给商家导流，能降低个人商家开店的风险，扩大了适用人群范围。通过第三方微店平台，中小企业和个人商家可以实现对店铺的精确控制，包括订单处理、销售业绩统计、店铺运作、库存信息查看等，从而实现对店铺的信息化和数字化管理。总之，第三方微店平台具有操作便捷、系统完整等优势。

## （二）多元社群阶段

### 1. 多元社群阶段发展情况

艾媒咨询发布的《2020—2021年中国移动社交行业研究报告》显示，2020年我国移动社交用户规模突破9亿人，较2019年增长7.1%，移动社交成网民生活常态。网民的交流从最早的文字聊天，到图片分享，到语音对话，再到现在火爆的视频社交；电商的载体也历经从文字到图片再到直播的变化。这样的变化使得网民因喜好特性而形成不同的群体，移动社交电商随即开启对不同群体的网络分享，从而进入多元社群阶段。

多元社群阶段是微商群体阶段的延伸，是社群新经济线的表现形式。在该阶段里，用户因为被好的内容吸引，聚集成社群，社群发展壮大，相互分享各种商品信息，促成更多交易，完成商业变现。社群提供了可以直接触达交流的平台，也提供了社交电商介入的接口。这个接口将单独的用户通过社交网络工具进行了社群化改造，利用社会化媒体工具充分调动社群成员的活跃度和传播力。

### 2. 多元社群阶段的平台

移动社交电商从人与人之间的信任关系开始，依据亲疏程度形成了不同的圈层，也形成了不同的社交电商关系。根据与用户建立连接的方式，社交电商关系大致可分为熟人关系、粉丝关系和属地关系3种。熟人关系主要体现在会员电商、导购销售、拼购场景中，粉丝关系更多地体现在内容导购、"网红带货"、直播电商中，而属地关系则体现在社区团购、门店社群中。

以上3种关系深刻体现了移动社交电商的互动性、碎片化、社群性的特征，也使其人、货、场的流转和运营与传统电商存在较大的差异，于是对应形成了更具体的社交电商平台，其类型主要有4种。

（1）内容型社交电商平台。这类平台通过内容（图文/短视频/直播）运营实现引流、变现、服务、留存全闭环或导向第三方平台，帮助企业和个人商家实现变现。这类平台主要有抖音、快手、小红书、淘宝直播、有货、西瓜视频、蘑菇街、一条、得物等。图3-13所示为小红书App首页。

（2）拼购型社交电商平台。这类平台利用多人拼团的模式，以低价吸引社交关系链上对价格敏感的用户，并在自营电商平台上变现。这类平台主要有拼多多、京喜、真快乐（国美旗下App）、团好货、小鹅拼拼等。

（3）会员型社交电商平台。这类平台通过构建商品供应、物流、售后等零售服务能力，并通过会员用户进行分销、分享裂变等引流变现。这类平台主要有斑马会员、云集、贝店、花生日记、爱库存、每日一淘等。图3-14所示为云集App首页。

（4）社区型社交电商平台。这类平台以小区空间为边界，背靠传统供应链，通过培育或签约团长进行网络社群运营，集聚规模订单并完成履约。这类平台主要有美团优选、叮咚买菜、每日优鲜、顺丰优选等。

图3-13 小红书App首页

图3-14 云集App首页

以上4种类型的平台的特点如表3-2所示。

表3-2 多元社群阶段的社交电商平台

| 类型 | 形式 | 产品 | 用户 | 代表平台 |
|---|---|---|---|---|
| 内容型社交电商平台 | 图文、短视频、直播等 | 体验需求强的产品、需有信任加持的小众产品 | 看重体验、有娱乐需求、有空余时间的用户 | 抖音、快手、淘宝直播 |
| 拼购型社交电商平台 | 传播、分享、组团等 | 低价产品、"爆款"产品 | 价格敏感型用户、低消费用户 | 拼多多、京喜、团好货 |
| 会员型社交电商平台 | 会员分销、销售分佣等 | 家庭快消品、高复购率产品、市场"爆品" | 家庭主妇、自由工作者、淘客 | 斑马会员、云集、贝店、花生日记、爱库存 |
| 社区型社交电商平台 | 团长拼购、建群运营、预约预售等 | 生鲜食材，日用百货的高频、家庭消费类目 | 社区居民 | 美团优选、叮咚买菜 |

根据交易规模，社交电商平台现已形成千亿级、百亿级以及百亿以下3个梯队。处于第一梯队的平台主要是拼多多和淘宝直播；处于第二梯队的平台主要是抖音和快手等；第三梯队主要包括蘑菇街、有品有鱼等众多平台。

数据显示，移动社交电商用户对快应用、小程序等新兴渠道的使用体验评价比较高。这些渠道能够使用户更快捷地触达和使用非常多类型的应用产品，用后不额外占用手机空间，这能优化用户体验，满足用户多样化的使用需求。这也是众多电商平台在用户消费体验和技术上的优化方向。

**⇄ 课堂讨论**

随着 App 市场的饱和，App 开发和推广成本高成为不争的事实。小程序开发门槛相对较低，能够满足用户简单的基础应用需求。请针对电商平台和店铺在小程序上的实际运用情况进行分析，说说小程序的功能和优势。

### 3.3.3 主流移动社交电商平台的运营模式

#### 1. 微店

微店是微信兴起后的产物，是依托于微信规则和机制开展的电子商务。微店对众多想创业的人来说是极好入手的。多一个平台，就多一个流量入口，多一个销售渠道，多一份收入，并且通常进驻微店的资金、人力等门槛较低，这大大降低了开店的成本，使风险得到了有效控制。此外，市场中有大量有微信接口的微店工具可以选择，它们使用简单，人人都能学会。目前，市场中比较常见的第三方微店平台有微信公众平台的微信小商店、有赞的微店、口袋购物的微店等。下面以有赞为例进行讲解。

有赞是帮助商家在微信上搭建微信商城的平台，提供了店铺、商品、订单、物流、消息和客户的管理模块，同时还提供了丰富的营销活动和应用插件。图3-15所示为有赞微小店首页。

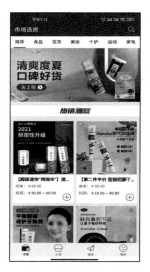

图3-15　有赞微小店首页

（1）适合商家范围

有赞面向各类批发、零售商家，以及个人商家等。

（2）平台特点

① 有赞通过一系列分角色的微店App建立了有赞"生态圈"，它们自建厂家、分销商、个人卖家、企业等平台形成行业壁垒。有赞还针对不同的移动网络零售参与方，设计并开发出不同的App端口，有助于他们更好地进行移动互联网营销。

② 市场份额大，覆盖范围广。目前，有赞微商城有200万个以上的商家在使用，其综合服务的消费者超过3亿人。

③ 开店难度小。有赞商家注册没有资质限制，注册速度快；个人商家在有赞微小店可实现一分钟开店，且无须进货，只管销售赚钱，供应商负责发货并提供售后服务。

④ 有赞微店具有基于微信公众号、微博等的客户关系管理功能。

⑤ 有赞可利用强大的营销工具（如微信、微博、朋友圈等）进行二次营销，并支持商家通过微信公众号、微博、QQ购物号和消息推送来进行营销推广。

⑥ 有赞具有完备的订单处理体系。在有赞后台，商家可以根据条件筛选出各种类型的订单，也可以批量处理订单，提高运营管理效率。

⑦ 分销市场品质保证。从目前的产品架构来看，有赞有两大业务主线：B2C模式的微商城搭建和B2C2C模式的微分销体系（有赞微小店App）。目前，在有赞B端的商家大多是有一定规模的品牌商或者零售商，C端分销商多为个人（或者企业内部员工）。

（3）入驻条件

有赞微商城和有赞微小店入驻无门槛，遵守国家法律的公司和个人都可入驻。普通的有赞商家可根据店铺经营情况自行选择开通某项服务，并按要求缴纳相应的保证金。为了更好地吸引消费者，很多商家会选择购买模板、组件来装修店铺，具体可根据自己的需求而定。

（4）开店费用

有赞在刚推进市场时，商家入驻是免费的，因此获得了小而美企业的青睐。不过从2016年8月起，商家入驻有赞需要付费。目前，有赞微商城共分为3个版本，即电商基础版、电商专业版及电商旗舰版，入驻费用依次递增。

每笔经过有赞微商城的交易，都会产生一定的基础成本，包括消费者支付时不同第三方支付公司向有赞收取的"支付手续费"、商家提现时银行向有赞收取的"结算手续费"，以及有赞的系统运维和服务器费用。但基于交易成本和不同的交易场景，为了给商家们提供更好、更完善的服务，促进有赞生态体系正向发展，有赞提供了相应的补贴并形成了最终的交易扣点。

一是云服务费。每一个店铺享受1万~4万元免费订单额度，用完再计费。订单金额高于25元，有赞会按每笔订单5角钱收费；订单金额低于25元，按订单金额的2%收费，最低每笔订单收费1分钱。二是交易手续费。每完成一笔订单，商家需向微信支付、支付宝、银行机构等支付通道商缴纳订单实付金额的0.6%作为交易手续费，由有赞代收代缴，有赞不会额外加收费用。

图3-16所示为有赞微小店管理页面。无论是消费者对商品进行信息阅览和购买，还是商家对商品、资金、货物等进行管理，都不需要太复杂的硬件设备和操作步骤，通过一部手机、一两个微店App，简单地编辑即可。

### 2. 淘小铺

淘小铺是手机淘宝的一款应用工具，这款工具的特点在于商家可在无线端完成全部的店铺运营，还可以将店铺分享到社交平台获取流量，而且可以实现分销。淘小铺的出发点是基于整个淘宝生态圈，思考如何更好地服务千千万万的中小商家，涉及手工艺品、农特产品等小而美的项目。淘小铺定位为"人人可参与的社区化电商"，采用S2B2C模式，依靠注册会员挑选并分享淘小铺App内的商品，用户通过分享链接即可成为淘小铺的分享店主。作为商家在无线端的运营工具，淘小铺承载着多维度连接消费者与商家的使命，为商家自定义流量入口，尤其是淘宝平台的中小商家。图3-17所示为淘小铺页面。

图3-16　有赞微小店管理页面

图3-17　淘小铺页面

淘小铺支持普通用户免费开店，用户使用淘宝账号或者支付宝账号登录淘小铺，即可开一家自己的店铺。用户在淘宝App后台点击"免费开店"，即可开设淘小铺，也可以通过单独下载淘小铺App来完成开店。

此外，商家点击"营销推广"可以设置店铺账号，该账号有8位数。消费者通过搜索店铺账号，可以直达手机店铺。淘小铺商家也可以将店铺账号在微信朋友圈、微博等社交平台上曝光。

（1）适合商家范围

淘小铺适合商家的范围与淘宝一致。淘小铺是从淘宝店铺衍生出的一种更加适合移动网店运营的工具，淘小铺面向所有淘宝商家（目前淘小铺不对天猫商家开放）。

（2）平台特点

① 开店零门槛。

② 扫码上传就能完成商品上传、发货。

③ 保留了中心化模式，即商家可通过淘宝平台为淘小铺导流。

（3）入驻条件

商家通过淘小铺App，或登录淘宝App，在后台点击"免费开店"即可申请开店，并设置淘小铺店招、Logo、上传注册照片等。对于已经有淘宝店铺的商家，可直接在手机淘宝"我是商家"开通淘小铺工具，申请店铺直达号。淘小铺的开店申请与传统的淘宝店铺的开店申请相比，流程精简了很多。

（4）开店费用

上架部分商品类目需缴纳保证金。例如，上架服饰类商品不需要缴纳保证金，但是玩具类、化妆品类商品均需要缴纳保证金才能上架。商家如果不缴纳保证金，那么将无法上架全新商品（部分不要求缴纳保证金的类目和二手/闲置商品除外）。

但是和其他淘宝店铺一样，淘小铺的直达号只解决了部分跨平台分享的问题，输入直达号查找店铺终究没有通过直接点击链接就能浏览店铺或购买商品方便。

### 3. 京喜

京喜是京东旗下的社交电商平台，是以全面升级的拼购业务为核心，以微信为主要载体，基于包括微信、手机QQ两大亿级平台在内的六大移动端渠道打造的全域社交电商平台。它是基于京东商家，利用拼购营销工具，通过拼购价及社交玩法，刺激用户多级分享裂变，实现商家低成本引流及用户转化的一个工具。

京喜主打"低价不低质"概念，在低价为导向的同时，严把质量关，重塑用户关于拼团商品的认知，同时主动吸纳各种社交电商创新玩法，将商品信息置于各种社交场景中，以"货找人"的方式将零售功能无缝接入微信好友的社交关系中，配合短视频直播"带货"，形成融拼购、内容、玩法于一体的新型社交电商生态。图3-18所示为京喜App首页。

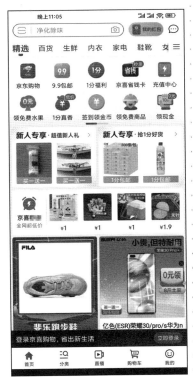

图3-18　京喜App首页

（1）适合商家范围

京喜对接三、四线城市的需求，聚焦于下沉新兴市场消费人群，适合主推价格低、质量有保证的商品，主要销售对象是三、四线城市人群的商家。

（2）平台特点

① 以微信为主要载体，基于包括微信、小程序、手机QQ、App、粉丝群在内的移动端渠道入口。

② 腾讯旗下平台为商家提供了足够多的流量。

③ 完善的京东电商、物流体系。

④ 注重品牌特卖，有丰富的促销页面和社交页面，方便用户之间的互动。

（3）入驻条件

① 入驻方式分为企业入驻和个体工商户入驻，个体店只有拼购店类型，企业店有旗舰店、专卖店和专营店类型。

② 商家必须有营业执照、身份证、银行账户和银行卡。

③ 商家必须有商标质检和商品资质证明。

（4）开店费用

商家入驻京喜不需要支付任何加盟费用和平台使用费用，只需每年缴纳6 000元的平台质保金，且拼购扣点为订单实付金额的0.6%，开店成本较低。

### 4. 斑马会员

斑马会员是国内最早一批开展社交电商的企业之一，经历了社交电商发展的各个阶段。2018年8月，生活服务类综合会员电商平台斑马会员正式上线。作为会员制电商消费平台，斑马会员一直专注于为有消费力、对生活品质有更多追求的城市中等收入家庭服务，尤其以女性消费者为核心用户群体，与其他社交电商平台形成错位。斑马会员覆盖购物娱乐、出行旅游、酒店住宿、运动健康、在线教育、金融保险等众多领域，整合生活服务电商和实物电商商品，打造专注会员服务的生活圈。图3-19所示为斑马会员App首页。

斑马会员始终以会员利益为中心，以"供给+场景+服务"为业务逻辑，满足会员多元复合需求，并引入直播场景，推出"火星计划"支持会员就业，在营销、技术和商品层面都进行了创新探索。斑马会员以"斑马在手，省遍全球"为理念，为国内城市中等收入家庭构建了一个"一站式"满足全方位生活需求的生态平台。斑马会员主要提供以下功能服务。

① 全球出行：在线购买折扣机票、动车票，预订专车、酒店、景点门票、邮轮旅游服务。

② 一卡尊享：用户可使用斑马会员App共享各品牌权益。

③ 商城特权：可购买折扣商品，可免息分期购物。

④ 权益变现：用户可通过分享商品获取佣金。

图3-19　斑马会员App首页

⑤ 本地推荐：智能定位，本地生活推荐。

⑥ 在线管家：持卡人可享受定制特权，接受管家在线服务。

⑦ 聚会沙龙：定时与俱乐部其他会员在线分享交流、线下聚会。

（1）适合商家范围

斑马会员从选材、设计、生产、销售到售后进行全流程把控。斑马会员主要是与国内外品牌商建立了战略合作关系，入驻商品包含全球优质品牌商，目前涉猎了澳洲、美洲、欧洲、亚洲等地品牌，其中国内品牌只接受厂商或者有经销资质的经销商入驻，以保证平台商品的品质。

（2）平台特点

① 用户在平台注册就能成为会员。

② 主要面向中等收入家庭消费市场，包括入驻品牌和自营品牌。

③ 注重维护商家的品牌利益，愿意和专业的垂直电商企业分享其优质用户群体。

（3）入驻条件

斑马会员在商家入驻方面有远高于传统平台的审核要求，要求商家提供全套企业资质、商品资质等材料，以确保商家及其销售的商品合法合规。斑马会员欢迎优质品牌旗舰店入驻，尤其是知名品牌，主要经营能够满足平台用户群体需要的优质、有特色且根据类目细则配置的商品。

（4）开店费用

斑马会员以"一店铺一保证金"原则向商家收取用以保证店铺规范运营及对商品和服务质量进行担保的费用。保证金的调整、补足、退还、扣除、赔偿等依据商家签署的相关协议及平台规则办理。各经营类目对应的保证金基本为10 000～50 000元。

### 5. 美团优选

美团优选是美团旗下的社区团购平台，采取"预购+自提"的模式，通过社区生鲜零售业态满足家庭日常三餐所需，挖掘居民差异化消费需求，推动生鲜零售线上线下加速融合。"预购+自提"模式可实现按需集中采购，并减少商品的运输、存储时间，最大限度地保障商品的新鲜度并降低商品损耗，同时省去了最后一公里的配送成本，使得商品更具价格优势。

美团优选重点发展社区经营网络。社区便利店、快递站点等的经营者或自由职业者，都可通过美团优选的"团长招募"申请成为美团优选团长。用户可在每天0点到23点通过美团优选下单，次日到门店或团长处自提，最早中午前就可收到商品。用户在购买、收货过程中遇到的问题都可通过团长解决，美团优选提供100%售后支持。图3-20所示为美团优选App首页。

图3-20 美团优选App首页

（1）适合商家范围

商家要想入驻美团优选，可以以供应商的身份进入，为美团优选平台提供足够优质的商品。美团优选主要适合经营蔬菜、水果、肉禽蛋、酒水零食、家居厨卫、速食冻品、粮油调味等品类商品的商家入驻。商家可以通过美团App、美团优选App、美团优选微信公众号、美团优选小程序商家端找到供应商入驻渠道，然后填写相关信息，提交申请，待审核通过之后与平台联系。

（2）平台特点

① 通过美团平台导流，在本地生活服务细分领域发展。

② 有基于美团骑手的物流配送网络，可以实现同城一小时内的快速配送。

③ 商家需要在规定时间内将商品运送到平台指定的仓库，以便提高仓库分拣和将商品运送到社区自提点的速度。

（3）入驻条件

大型商家入驻美团优选需遵守专门规定，需要提供营业执照。由于美团优选主要经营生鲜品类的商品，所以入驻商家所属二级分类必须为超市/便利店品类；对于大型品牌连锁商，美团优选要求品牌有一定的知名度，且品牌总部与美团外卖超市有签约合作；对于散店优质商家，美团优选要求满足优质商家6项标准，且其商品条码覆盖率≥90%。

（4）开店费用

销售不同商品的商家，其收费标准和押金标准是不一样的。个人商家入驻美团优选不用付费，但是要交一定比例的押金，以保证其售出的商品是可信可靠的。如果参与的团购结束了，或者不想继续待在美团优选平台，商家可以按照流程向客服申请退还所交的押金。

## 6. 抖音小店

抖音小店简称抖店，也称头条小店，是抖音电商为商家提供的"带货"变现的便捷工具，是帮助商家拓宽内容变现渠道、提升流量价值的一站式商家生意经营平台。2020年，约117.1万"达人"在抖音电商平台累计卖出22.19亿件商品，半年实现商品交易总额（Gross Merchandise Volume，GMV）增长588%。2020年，抖音电商平台Top100"达人"累计开播21 049场，平均每天开播约57场，累计看播量达88.6亿人次，累计"带货"超2.05亿件。

店铺开通后，商家可以在头条号、抖音、抖音火山版个人主页展示专属的店铺页面，可通过微头条、视频、文章等多种方式曝光商品。用户可以在今日头条、西瓜视频、抖音火山版、抖音等App内进行内容获取、商品购买，购买用户可以直接转化为粉丝，帮助商家形成完整的流量闭环，获得更大的成交量与更多的收入。只要内容源源不断，商家与用户的连接就不会中断，流量变现也就不会停止，这省去了传统电商"人找货"的环节，帮助商家大大节约了相关营销费用。

（1）适合商家范围

抖音小店在内容运营能力与流量分发体系方面有天然优势，与抖音小店关联的账号的粉丝更容易通过内容实现转化，抖音小店适合能主动运用内容运营实现"货找人"电子商务模式的商家。在开设抖音小店后，商家可与"达人"开展合作，通过"达人"的粉丝黏性和专业讲解，建立用户对商品的良好认知，并加速转化。抖音丰富的内容生态和百万规模级的"达人"与目标用户，也可以有效帮助商家迅速吸引流量。

（2）平台特点

抖音小店和以前的电子商务平台的主要区别有以下几点。

① 抖音小店目前没有买家客户端，只有商家客户端，这和淘宝、拼多多、京东等不太一样，其手机端App的名称为"抖店"。买家可以通过抖音首页"我"右上角的三横杠选项进入"我的订单"实现购买。

② 抖音小店目前的商品主要通过字节跳动旗下的四大渠道进行展示：抖音、今日头条、抖音火山版、西瓜视频。商家也可以链接其他平台的店铺商品，如淘宝/手机天猫、京东、考拉海购、唯品会、苏宁易购等。

③ 店铺的商品可在今日头条App中的值点频道售卖，也可绑定抖音商品橱窗，在抖音视频中添加商品，这样买家在观看视频时不用跳转就可直接完成购买。

④ 抖音小店的流量主要通过内容展示来获取，也就是说商家必须要会做内容运营。

（3）入驻条件

抖音小店支持个体工商户、企业（公司）和跨境商家入驻。申请时主体类型一旦选定，认证后就无法修改，所以商家一定要选择符合要求的主体类型。个人凭借身份证目前无法入驻抖音小店。商家可以通过抖店App直接入驻，也可以在抖音的首页中的"我"右上角的三横杠选项中的"创作者服务中心"点击"开通小店"，从而接入抖店的入驻流程。

店铺名称建议设置为和抖音号相同的名字，方便粉丝识别和传播。未经授权，商家不能在店铺名称中使用旗舰店、官方店、专卖店、专营店、直营店、授权店等字样。图3-21所示为抖音小店商家移动工作台页面。

（4）开店费用

图3-21 抖音小店商家移动工作台页面

开店费用主要包括保证金和技术服务费，商家根据《保证金标准》中"基础保证金/浮动保证金/货到付款保证金"中最高金额向平台缴存保证金。技术服务费是在订单确认后，且没有正在处理的售后订单，在规定期限内平台结算时收取的，抖音小店技术服务费标准在2%～10%。验证通过后，商家直接缴纳相应的保证金即可完成入驻。保证金的缴纳方式和金额以商家后台页面提示为准；同一商家，涉及多类目、多渠道时，保证金缴纳遵循就高原则，按最高金额缴纳；在经营过程中，若新增类目、渠道，对应的保证金高于原有保证金的，商家需补交差额部分。

### 7．快手小店

快手小店是快手App内上线的商家功能，旨在为快手优质用户提供便捷的商品售卖服务，高效地将自身流量转化为收益。快手小店在2018年正式上线，从短视频"带货"开始，发展为快手直播电商，生态较为成熟，用户黏性较高，用户观看直播习惯已养成，场均观看人数较为稳定。快手日活跃用户数已突破3亿，快手直播电商日活跃用户数突破1亿。

快手小店作为社交电商新势力，目前一年有近400亿元的成交额，搭建起了较完善的平台规则，并逐渐完善商品类目，注重下沉市场购物新形态的打造，成为各品牌商探索品牌营销新链路、追求品牌逆势增长的新阵地。

（1）适合商家范围

快手小店已覆盖食品、孕婴/乐器/玩具、美妆/个护清洁、家用电器、服饰/鞋靴/箱包、家居生活/宠物、珠宝/钟表、趣味玩物等类目。快手小店以天猫、淘宝店铺商品为主，食品、农产品、服饰、生活用品占主要部分，性价比高的白牌商品较多，知名品牌商品较少。

（2）平台特点

① 快手小店没有设立独立的买家客户端，买家可以通过快手平台进入快手小店购物。商家客户端有独立的手机端App，名称为"快手小店商家版"。图3-22所示为快手小店商家工作台页面。

② 快手平台针对快手小店项目给予额外曝光机会，提供便捷的商品管理及售卖功能，助推快手小店高效转化粉丝流量从而获得收益。

③ 如果商家在其他平台有自己的店铺的话，可以选择展示第三方平台的商品链接，设置位置为快手小店的"商品管理"页面。其中，第三方平台主要包括拼多多、有赞、淘宝、京东等。

（3）入驻条件

打开快手App后，在首页中点击左上角的三横杠选项，打开后可以看到"快手小店"选项，点击即进入快手小店页面，在页面的右上方点击"开店"就可以进入开店注册流程。

入驻快手小店有两个选择，一个是主播身份（个人），另一个是供货商/品牌方身份（企业）。商家需要根据选择情况提交相关的资质，包括经营者的联系方式等信息、企业的营业执照等信息，这两部分信息的主体要一致。

图3-22　快手小店商家工作台页面

（4）开店费用

开店费用主要包括保证金和技术服务费，保证金目前主要是店铺保证金，最低缴存标准为500元，技术服务费标准为2%～5%。

提交相关资质后，商家需要根据选择的类目缴纳对应类目的保证金，一般是1 000元起步。如果后期需要建立专卖店，商家需要注意有一些品牌是不允许入驻的，可在后台的规则中心查看详情。商家开通后按照提示提交相应资料，并缴纳相应额度的保证金即可添加商品并售卖。

抖音小店和快手小店对比如表3-3所示。

表3-3 抖音小店和快手小店对比

| | 抖音小店 | 快手小店 |
|---|---|---|
| 适合商家范围 | 面向各类批发、零售商家，以及个人商家等，以品牌商品为主 | 面向各类批发、零售商家，以及个人商家等，小品牌商品较多 |
| 平台特点 | 1. 买家通过视频平台购买商品，没有独立的买家客户端，只有商家客户端，名称为"抖店"；<br>2. 商品通过抖音、今日头条、抖音火山版、西瓜视频四大渠道展示；<br>3. 侧重内容营销；<br>4. 可以链接其他平台已有店铺的商品，运营功能强大 | 1. 买家通过视频平台进入小店，没有独立的买家客户端，只有商家客户端，名称为"快手小店商家版"；<br>2. 侧重社交链条，强私域化；<br>3. 可以链接其他平台已有店铺的商品，商品货源易获取 |
| 入驻条件 | 1. 个体工商户、企业（公司）和跨境商家都可入驻；<br>2. 店铺名称中使用旗舰店、官方店、专卖店、专营店、直营店、授权店等字样需有授权 | 1. 开店简单，提供主播和供货商/品牌方两个入驻身份；<br>2. 成立专卖店有要求 |
| 开店费用 | 保证金；<br>技术服务费2%～10% | 保证金；<br>技术服务费2%～5% |

# 3.4 传统企业自建移动电子商务体系

许多传统企业很早就开始涉足电子商务领域，搭建电子商务平台。随着移动互联网浪潮的兴起，这些企业以原有的电子商务平台为基础，各自推出了移动端的网店，与原有PC端的传统网店和线下物流相结合，为用户提供全方位的服务。

## 1. 国美零售控股有限公司

国美零售控股有限公司成立于1987年，目前已形成实体店、国美App、社交电商——国美美店"三端合一"、线上线下融合的多元化零售渠道，年销售规模超千亿元。2021年，国美App更新，改名为"真快乐"，其理念在于，对于用户而言，快乐的购物体验是其选择平台的重要衡量标准，而真品质、低价格、多品类的商品供给又是产生快乐体验的主因。目前，真快乐App推出真选好物、"带货"直播、视频导购等功能，以高品质、超低价的全品类商品贯穿，配合有趣的娱乐玩法，为用户带来欢乐气氛和良好的购物体验。图3-23所示为真快乐App首页。

### 2. 苏宁易购集团股份有限公司

苏宁易购集团股份有限公司创办于1990年，总部位于南京市，经营商品涵盖传统家电、消费电子、百货、日用品、图书、虚拟商品等综合品类。苏宁易购是苏宁易购集团股份有限公司新一代B2C网上购物平台，现已覆盖传统家电、3C电器、日用百货等品类。近年来，苏宁易购也推出了App，如在2016年4月18日配合苏宁家电3C"4·18"活动推出专属App，并强化物流服务，在北京、上海、广州、深圳、南京、杭州6座城市实现"半日送达"，做好尤为重要的"最后一公里"服务，极大地提升了用户体验。随着业务的发展、用户使用习惯的改变，苏宁易购不断强化移动端发展，加强与视频直播，娱乐、体育营销等各类内容媒体的合作，创新营销方式，不断提高移动端的日活跃度，其移动端订单数量已占线上整体订单数量的80%以上。图3-24所示为苏宁易购App首页。

图3-23　真快乐App首页

图3-24　苏宁易购App首页

### 3. 海尔

2013年年底，随着移动互联网逐渐进入人们的生活，海尔开始着力于移动端的平台建设。海尔以统一视觉设计规范来执行网页的设计理念，保证手机和便携式计算机等不同终端的适配和视觉效果统一，其官网主色调沿用海尔品牌的蓝色，充分体现智慧生活的品牌个性。目前，海尔的移动端主要有海尔智家和顺逛微店两个平台。

海尔智家App是海尔智慧家庭移动端官方交互体验平台。海尔智家App内置海尔商城，覆盖海尔全生产线的产品以及全国的销售、服务网络，提供成套智慧解决方案的全场景交互体验和家电家装一站式全流程购买服务，还提供全屋定制与全屋成套智慧家电相融合的可定制服务。同时，基于家庭成员、人与家电之间的物联互动应用，通过"拟人化"人机交互、模糊识别及大数据分析，用户可以与家电"对话"；通过小冰的管家式服务，用户可享受健康、安全、便利、娱乐的智能生活。图3-25所示为海尔智家App首页。

顺逛微店是海尔旗下官方微店平台，整合了线下海尔专卖店的营销、服务、物流资源，旨在实施虚实融合的O2O战略布局，从而给用户带来最佳的全流程购物体验，为微店店主搭建"0成本创业平台"，提供自主创业的良机。海尔通过经营用户，沉淀粉丝社群，形成了海尔品牌生态文化圈。海尔是全球大型家电品牌，目前已从传统家电制造企业转型为面向全社会孵化创客的平台。2015年7月，海尔决定将产品的线上售卖渠道权开放给遍布全球的创业者们。如今，顺逛微店聚集了海尔员工、大学生、创业青年、全职妈妈等近80万名微店店主，将逐渐形成以智慧家电为核心，聚合智慧家庭周边产品及服务的全需求满足、全流程闭环的开放式社群经济交互生态平台。图3-26所示为顺逛微店客户端首页。

图3-25 海尔智家App首页

图3-26 顺逛微店客户端首页

### 4. 华润万家

华润万家从事的是与消费者生活紧密联系的零售行业，坚持"时尚、品质、贴心、新鲜、低价、便利"的经营理念，经营着大卖场、生活超市、便利超市、区域购物中心、以中高端消费市场为定位的Ole'超市，以及全新形象便利店等多种业态。

　　为了更好地服务消费者，近年来，华润万家上线首个自主研发的App——华润万家App，加速建设自有线上渠道，贯通线上线下业务，一键连接周围3千米范围内商圈的吃喝用行，提供包括商品销售、定制预售、社区互动、会员服务等在内的附加服务，向"商品+服务"的业务模式转型。图3-27所示为华润万家App首页。华润万家还与京东到家、美团外卖、饿了么等第三方线上渠道合作，大力推进到家业务，不断扩展线下门店的服务范围。"万家+互联网"的转型主要围绕门店商圈的消费者展开，基于门店打造生态圈共赢的服务平台，聚合上下游及产业生态资源，连接消费者和商品/服务。华润万家通过加速线上线下融合，在满足消费者需求的同时，也提高了门店的经营效率。

　　华润万家通过加快数字化能力建设，加速全渠道获客，把握消费者通过O2O到家服务购买超市商品的新趋势，充分利用既有的全业态运营经验和规模优势，聚焦"根据地"及重点城市群，加快开店与门店品牌创新速度，多方位构建线上线下一体化的服务模式。

图3-27　华润万家App首页

## 素养拓展　　App 收集使用个人信息必须有法律依据，做好用户信息保护

　　随着移动电子商务的高速发展，各类 App 如雨后春笋般出现。但是在应用过程中，用户发现无论是安装出行类 App，还是下载办公 App，都出现了要求访问通讯录、手机相册等情形，这种"客气"的询问，几乎成了所有 App 安装时的标配。

表面上看，商家似乎尽到了告知义务；但实际上，用户别无选择，只能被动接受。因为用户一旦选择不接受，就意味着无法下载或者无法正常使用这些 App。值得警惕的是，当用户被迫选择"允许"或"接受"之后，一些与使用 App 无关的个人信息可能会被 App 非法收集，致使个人隐私信息存在被泄露的风险。

截至 2020 年年底，国内市场上被监测的 App 达 345 万款。在这些种类繁多的 App 中，很多存在着强制授权、过度索权、超范围收集个人信息的情形。其中，违法、违规使用个人信息的问题尤为突出，广大用户对这一现象深恶痛绝。

为有效解决 App 过度收集个人信息的问题，2021 年 3 月，国家互联网信息办公室秘书局等 4 个部门联合发布了《常见类型移动互联网应用程序必要个人信息范围规定》（以下简称《规定》）。《规定》明确了地图导航、网络约车等 39 类常见类型移动互联网应用程序的必要个人信息范围，要求其运营者不得因用户不同意提供非必要个人信息而拒绝用户使用 App 的基本功能服务。《规定》于 2021 年 5 月 1 日起开始实施。

总而言之，在"必要个人信息范围"明确之后，用户无论是在下载还是在使用 App 时，都可以进行有根据的区分。针对那些超范围收集个人信息的 App，用户可以拒绝使用，并向监管机关反映和举报。

# 第4章

# 跨境移动电子商务平台及应用

**知识结构图** ↓

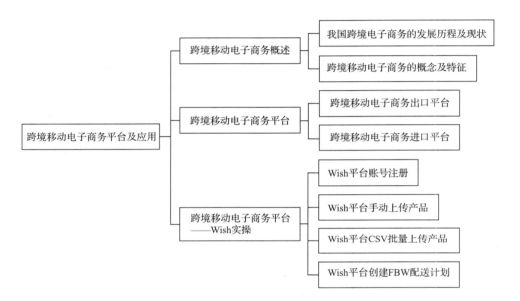

**学习目标** ↓

- 了解我国跨境电子商务的发展现状。
- 了解跨境移动电子商务的概念及特征。
- 了解主要的跨境移动电子商务平台。

**素养目标** ↓

- 了解跨境移动电子商务在我国"一带一路"倡议中的重要作用。
- 在数字化发展背景下，增强对跨境移动电子商务发展的信心。

扫一扫

学思融合

**导入案例**　　　**Wish——跨境移动电子商务的黑马**

　　Wish 于 2011 年成立于硅谷，是一家高科技独角兽公司，2014 年开始转型做跨境移动电子商务 App，是北美洲和欧洲最大的移动电子商务平台。Wish 使用优化算法大规模获取数据，并快速了解如何为每个用户提供与其最相关的商品，让用户在便捷购物的同时享受购物的乐趣。因此，它被评为硅谷最佳创新平台和欧美最受欢迎的购物类 App。

作为北美地区的大型移动购物平台，Wish 95% 的订单量来自移动端，其 App 日均下载量为 200 万次。Wish 占有欧美最大的移动购物 App 市场份额，是一个功能强大的电子商务平台。2014年，为了进一步拓展中国供应商资源，Wish 在上海成立了办事处，并进行了招商活动。通过 Wish 购物平台，北美洲和欧洲的用户可以直接与中国的主要批发商和零售商对接，并购买商品。Wish 的成功主要有以下几点原因。

（1）以个性化商品推送方式增加销售。Wish 专注用户体验，通过用户的注册信息和过往行为分析并推测某一群体的喜好，向用户展示其可能会购买、保存、分享的商品。

（2）主打移动购物。Wish 主打移动端购物平台。移动端最大的特点就是"随时随地随身"，进而带来碎片化需求。

（3）用户价值高。Wish 一直致力于提供良好的用户体验，严抓商品审核，为用户提供更优良的购物平台，而在 Wish 平台占比最多（90% 以上）的中国卖家也认识到了 Wish 平台的用户价值，提供高品质商品，以提高转化率。

# 4.1　跨境移动电子商务概述

## 4.1.1　我国跨境电子商务的发展历程及现状

跨境电子商务是指分属不同关境的交易主体，通过电子商务平台达成交易、进行支付结算，并通过跨境物流送达商品、完成交易的一种国际商业活动。跨境电子商务分为跨境电子商务进口与跨境电子商务出口。自1999年我国第一个跨境电子商务平台——阿里巴巴国际站诞生，我国跨境电子商务经过了20多年的高速发展，其发展历程可以分为3个阶段，各阶段的发展特点及代表企业如表4-1所示。

表4-1　我国跨境电子商务的发展历程

| 阶段 | 时间 | 发展特点 | 代表企业 |
|---|---|---|---|
| 第一阶段（萌芽期） | 1997—2007年 | 跨境电子商务萌芽；<br>跨境电子商务B2B信息平台出现 | 阿里巴巴国际站、中国制造网等 |
| 第二阶段（发展期） | 2008—2013年 | 跨境电子商务稳步发展；<br>跨境电子商务零售出口起步；<br>跨境电子商务B2B信息平台成长 | DX、兰亭集势、速卖通等 |
| 第三阶段（爆发期） | 2014年至今 | 政府政策密集出台；<br>跨境电子商务零售进口起步；<br>跨境电子商务零售出口持续发展；<br>跨境电子商务B2B信息平台转型为交易平台 | 天猫国际、考拉海购、聚美优品、洋码头、小红书等 |

相关数据显示，2015年我国跨境电子商务交易规模仅为1.9万亿元（见图4-1）。2020年，海关总署统计数据显示，通过海关跨境电子商务管理平台验放进出口清单达24.5亿票，同比增加63.3%。2020年跨境电子商务进出口额占整体进出口额的19.5%。2015—2020年复合年均增长率达到27.0%，远高于进出口总额增长率，成为外贸新的增长点。随着跨境电子商务模式的不断发展与演变，行业无疑处于高速增长期。

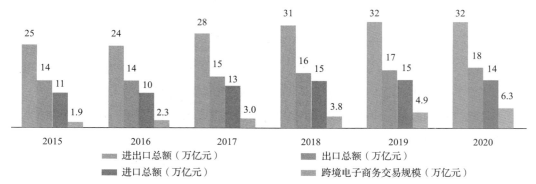

注释：报告所列规模历史数据和预测数据均取整数位（差值小于1时，精确至小数点后一位），已包含四舍五入的情况

图4-1　2015—2020年我国进出口贸易与跨境电子商务交易情况

2016年，在我国跨境出口B2B电子商务市场规模结构中，线上撮合规模占92.8%，线上交易规模占7.2%，如图4-2所示。近年来，境内消费者对境外商品的需求不断增长，跨境电子商务进口业务在进出口贸易中的占比仍在提升。预计未来几年，跨境电子商务进口的份额占比将不断提高，但由于跨境电子商务进口受国家政策影响较大，所以其进口份额占比将会以相对平稳的速度提升。

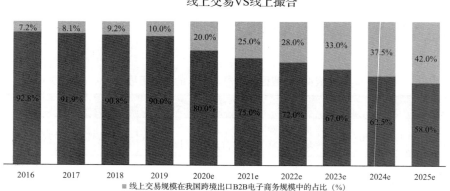

注释：跨境出口B2B电子商务规模统计口径包括线上撮合及线上交易规模，线上交易规模仅包含线上交易，即支付线上化的规模。
来源：综合专家访谈，艾瑞咨询研究院自主研究及绘制。
e：预测值。

图4-2　2016—2025年我国跨境出口B2B电子商务市场规模结构

随着全球互联网基础设施的迅速发展，当前跨境电子商务已经对国际贸易的运作方式、贸易链环节产生了革命性、实质性的影响。中小企业、个人深入参与国际贸易的各个环节，中小企业直接与全球消费者进行互动和交易，全球化红利的受益者更加广泛，各方受利也更加均衡。

⤭ **课堂讨论**

近年来，我国跨境电子商务发展迅速，背后的原因有哪些？

## 4.1.2 跨境移动电子商务的概念及特征

伴随着移动互联网的发展、消费者移动购物习惯的养成以及"走出去、引进来"的发展趋势，各大电子商务巨头、传统零售企业，甚至快递企业，都纷纷布局跨境移动电子商务业务，跨境移动电子商务正高速发展。

跨境移动电子商务是指分属不同关境的交易主体，通过移动互联网达成交易并进行支付结算，通过跨境物流运送商品并完成交易的一种新型国际贸易方式。跨境移动电子商务不仅仅是工具上的变革，更是思维上的变革、模式上的变革。它会颠覆、重构整个产业的格局。获得5 000万人的客户群，广播电台用了38年，电视用了13年，互联网只用了5年，而移动互联网以更快的速度达到了这个量级。这个时代赋予跨境移动电子商务平台更多的机会与挑战，同时也给从事跨境移动电子商务行业的人们以新的理念和方向。

跨境移动电子商务是利用移动互联网开展跨境电子商务的国际贸易新模式，因此跨境移动电子商务兼具移动互联网和跨境电子商务的特征，具体体现在以下3个方面。

### 1. 交易的便捷性

跨境移动电子商务充分利用了移动设备的便捷性，使跨境贸易可以随时随地进行，同时这种跨境贸易进一步突破了传统国际贸易中地理因素的限制，使国际贸易进一步实现全球化，这对很多发展中国家来说是十分重要的。

### 2. 贸易的实时性

互联网的出现加速了国际贸易的发展，方便了贸易双方的交流，减少了时滞产生的影响。而移动互联网的普及，使买卖双方可以随时随地进行交流，减少了不对称信息对贸易的干扰。

### 3. 业务的个性化

移动设备与移动互联网的结合，使得个性化的国际贸易成为可能。在传统的国际贸易中，A国/地区的生产商将商品卖给A国/地区的出口商，A国/地区的出口商再将商品卖给B国/地区的进口商，B国/地区的进口商再将商品转卖给B国/地区的批发商和零售商，最后才到达B国/地区的消费者手中。而在跨境移动电子商务模式下，A国/地区的生产商可以通过跨境移动电子商务平台直接将商品卖给B国/地区的消费者，这减少了国际贸易的中间环节，降低了交易成本，更重要的是这种贸易模式可以针对不同的消费者设计不同的销售策略，更加关注消费者的个人需求，更加个性化。

 课堂讨论

跨境移动电子商务的特征除了上文列出的 3 点，你觉得还有哪些?

# 4.2  跨境移动电子商务平台

随着跨境移动电子商务的发展，跨境移动电子商务平台如雨后春笋般涌现。境内比较知名的跨境移动电子商务平台有速卖通、敦煌网、小红书、考拉海购等；境外比较知名的跨境移动电子商务平台有亚马逊（Amazon）、eBay、Wish、Shopee、来赞达（Lazada）等。

## 4.2.1  跨境移动电子商务出口平台

### 1. 速卖通

速卖通是阿里巴巴旗下的外贸电子商务平台，成立于2010年4月。其主要的业务模式是B2C模式，同时也涉及B2B模式。速卖通已经开通了18个语种的站点，其消费者覆盖全球220多个国家和地区，其境外成交消费者数量突破1.5亿人。速卖通是我国唯一一个覆盖"一带一路"全部国家和地区的跨境出口零售平台。速卖通涉及服装服饰、家居、3C产品、饰品、手机通信、假发配件、珠宝手表、家居园艺、运动户外、消费电子、汽摩配、鞋子等22个类目，支持全球51个国家和地区的当地支付方式，是我国最大的B2C出口平台，也是全球第三大英文在线购物网站。

速卖通移动端起步比PC端晚，于2013年10月正式运营。到目前为止，其移动端的成交金额一直在增长，在总成交金额中的占比也一直在增长，移动端增长速度在很大程度上快于整体增长速度。

速卖通卖家App是速卖通商家最重要也是最基础的日常工具产品之一，关系到商家在速卖通的高效经营、赢利与成长。速卖通卖家App当前的核心功能包括订单管理、生意参谋、买家会话等。为了进一步提升商家移动端的经营体验和效能，阿里巴巴围绕语言、订单、实时数据、消息等方面，基于目前商家普遍反映的核心诉求和体验问题，对交互、视觉、功能、工具效率均进行了系统性优化升级。

速卖通App是阿里巴巴为帮助中小企业接触境外终端、拓展利润空间而全力打造的融订单、支付、物流于一体的外贸在线交易平台。速卖通通过互联网缩短、优化外贸产业供应链，帮助境内商家获得更高的利润。

### 2. 亚马逊

亚马逊是目前全球最大的移动在线购物平台。但在电子商务端口，其PC端与移动端是被严格分开的，移动端网页版与手机App之间也存在差异。亚马逊移动端致力于打造一个以App为驱动的线上销售市场。最受卖家欢迎的亚马逊相关App有以下3款。

（1）亚马逊购物App

亚马逊购物（Amazon Shopping）App是亚马逊旗下所有移动端App的鼻祖，产品覆盖面广，交易量大，能为买家提供更快捷、更便利的购物体验。如果一个卖家的产品在亚马逊网站上售卖，那也可以同步在移动端进行销售。但产品的排名并不完全掌控在卖家手中，买家一旦进入产品的主页，卖家就要想尽一切方法留住买家，尽可能优化产品描述，当然也包括产品的卖点，尽可能完善所有移动端买家可能获得信息的通道。

（2）亚马逊Prime Now App

Prime Now是亚马逊在2014年开通的业务，拥有数以千计的产品品类，包含了从日常生活用品到外出旅行的所有必需品，并提供送货上门服务，一小时即可送到，类似于"跑腿"服务，与京东到家类似。只有Prime会员才可以使用。亚马逊Prime Now App不在亚马逊物流（Fulfillment By Amazon，FBA）配送范围之内的产品不具有Prime资格。Prime资格主要取决于距离最近的亚马逊仓库点位置（就像加利福尼亚的卖家是很难给波士顿的买家配送厕纸的）、供应能力（基于产品的型号和重量）和人气，因此卖家必须确保产品符合Prime资格要求。

（3）亚马逊生鲜服务App

亚马逊生鲜服务（Amazon Fresh）App允许买家在亚马逊购买蔬菜水果、肉类、生活用品等产品，亚马逊会在当天或第二天通过上门服务将产品送上门。买家必须是Prime会员才能使用亚马逊生鲜服务App，每周还需额外交纳3.85美元的配送费，但如果订购（食物）订单金额超过40美元则不用交纳此费用。卖家如果想在亚马逊生鲜服务App销售产品，需要提供包含库存总量、售价在内的详细的产品信息，通过亚马逊审核后，即可在亚马逊生鲜服务App追踪订单、管理库存。另外，卖家要不断优化产品列表，包括优化产品的描述、卖点以及评论，这是卖家提高销量至关重要的一点。

### 3. eBay

eBay创立于1995年9月。2008年，eBay在美国首推App。数据显示，2013年，eBay移动交易额规模达到220亿美元，在全年新增的3 600万名用户中，移动用户占40%；截至2020年，eBay App下载次数在全球超过4.76亿次，eBay总商业交易量的40%与移动设备有关。2018年，eBay发力移动端，提供视觉购物新功能，在其移动应用上增加了视觉购物功能，用户可以将项目的图像拖放到eBay移动应用搜索栏中，以更快地在网站上找到待售产品，并能够使用图像搜索功能识别拍摄的照片中的产品。2019年，eBay发布公告称，将让所有的产品刊登自动适应移动端，不管其采用哪种刊登方式（移动端还是PC端）。之后，卖家在移动设备上呈现"查看项目"页面时，eBay会添加viewport meta标签。

eBay在创立之初是一个拍卖网站，到今天依然延续了拍卖方式，这也是eBay区别于其他平台的一大特色。以拍卖方式刊登产品是eBay卖家常用的销售方式，卖家通过设定产品的起拍价和在线时间，开始拍卖产品，并以下线时的最高竞拍金额卖出，出价最高的买家即为该产品的中标者。在搜索排序规则中，即将结束拍卖的产品会在"即将结束"（Ending Soonest）排序结果中获得较高的排名，得到更多的免费曝光机会。

虽然拍卖方式很容易激起买家的兴趣，但并不是所有的产品都适合拍卖，适合拍卖的产品主要有以下几种。

① 有特色的产品，跟市场上常见的其他产品明显不一样，并且市场对这个产品有需求。

② 库存少的产品。

③ 偶尔才需要卖出的闲置产品。

当卖家没有办法估算产品的准确价值的时候，可以设置一个自己能接受的最低的起拍价，然后通过拍卖获得最终的价格。

### 4. Wish

Wish由工程师彼得·舒尔泽斯基和丹尼·张于2011年在美国创立，是一家专注于移动购物的跨境B2C电子商务平台。Wish主要针对移动端的用户，以北美市场为主。目前，Wish的大量成交来自移动端。Wish根据用户喜好，通过精确的算法推荐技术，将产品信息推送给对其感兴趣的用户。

不同于亚马逊、eBay、速卖通等跨境电子商务平台，Wish有更多的娱乐感，有更强的用户黏性。亚马逊、eBay等是从PC端发展起来的传统电子商务平台，更多的是注重产品的买卖交易；Wish虽然本质上也是提供交易服务的电子商务平台，但其专注于移动端的"算法推荐"购物，呈现给用户的产品大都是用户关注的、喜欢的，每一个用户看到的产品信息都不一样，同一用户在不同时间看到的产品也不一样。Wish主张以亲民的价格给用户提供优质的产品。

（1）Wish平台的优势

① 用户定位精准。Wish的市场主要分布在北美地区，其中美国市场人气最高，卖家可以进行精准营销。

② 跨境移动电子商务潜力巨大。据有关数据，Wish目前九成以上的订单来自手机App，就目前移动互联网发展的趋势来看，Wish在跨境移动电子商务领域潜力巨大。

（2）Wish平台的劣势

① 产品审核时间过长。一般来说，产品审核短则2周，长则2个月。

② 佣金较高。目前对于成交订单，Wish要收取15%的产品成交费用和1.2%的提现费用。

③ 物流方式不成熟。Wish以自发货为主。

### 5. Shopee

Shopee于2015年在新加坡成立并设立总部，随后拓展至马来西亚、泰国、印度尼西亚、越南及菲律宾等市场。Shopee拥有的产品种类包括电子消费品、家居、美容保健、母婴、服饰及健身器材等，是东南亚地区发展最快的电子商务平台，也是境内卖家出口至东南亚地区的首选平台。Shopee自成立起，一直保持成长。截至2019年，Shopee App的下载量超过2亿次。2020年11月，Shopee宣布"双十一"大促完美收官，全天共售出2亿件产品。大促期间，Shopee App内Shopee Games体验次数超25亿，Shopee Live直播观看时长达2 000万小时，均创历史新高。2020年上半年入驻Shopee的卖家首次参与"双十一"大促，其全天订单量达平日的10倍，中国跨境卖家以近15倍于平日的订单量增长速度领跑新进卖家。

（1）Shopee平台的优势

① 面向东南亚蓝海市场，跨境业务发展迅猛。

② 专注于移动端市场，顺应东南亚地区电子商务移动化趋势。

③ 提供全方位的跨境电子商务解决方案，平台的优惠政策扶持力度大。

④ 母公司Sea为东南亚最大的互联网公司，拥有雄厚的资金、技术及人才背景。

（2）Shopee平台的劣势

① 单品利润相对较低。

② 境内卖家需要把货发到中转仓（如泉州、上海、义乌、深圳等地的中转仓），再通过平台发到境外中转仓进行尾程派送，不仅运费成本高，到货时间也长。

③ 平台机制还不够完善。

### 6. 来赞达

来赞达是东南亚地区大型在线购物网站之一。目前，可入驻的站点包括印度尼西亚、马来西亚、菲律宾、新加坡、泰国、越南等。来赞达接入自有物流渠道——LGS（Lazada Global Shipping）全球物流方案，为卖家解决"第一公里"和"最后一公里"的复杂货运问题，同时大幅降低东南亚部分地区因基础设施落后而产生的高昂运费。2016年，阿里巴巴投资控股了来赞达，上线了淘宝精选项目，使淘宝上较好的店铺入驻来赞达。2020年6月29日，来赞达首个跨境电子商务创新服务中心在南宁市正式启用，为我国西南一带的中小卖家提供一站式的小语种直播服务。来赞达有以下几个特点。

① 卖家不会被随意罚款，可以扩大卖家利润空间。

② 不会随意接受买家的退货，在退货之前必须经过严格的审查。

③ 付款到达及时。

④ 店铺开设初期没有任何费用。

### 7. 敦煌网

敦煌网是国内首个为中小企业提供B2B网上交易的网站。它采取佣金制，自2019年2月20日起，开始对注册卖家收取费用，另外会在买卖双方交易成功后收取费用。敦煌网直接打通了我国上游中小制造企业和贸易商同境外无数中小采购商之间的贸易渠道。敦煌网的发展历程如图4-3所示。

作为中小企业跨境电子商务的创新者，敦煌网采用电子邮件营销（E-Mail Direct Marketing，EDM）低成本、高效率地拓展境外市场，自建DHgate平台，为境外用户提供高质量的产品信息。用户可以自由订阅英文EDM产品信息，第一时间了解市场最新供应情况。敦煌网"为成功付费"的商业模式（见图4-4）打破了传统电子商务"会员收费"的商业模式，既减小了企业风险，又帮企业节省了不必要的开支，同时避开了与阿里巴巴、中国制造网等的竞争。

## 关于敦煌网

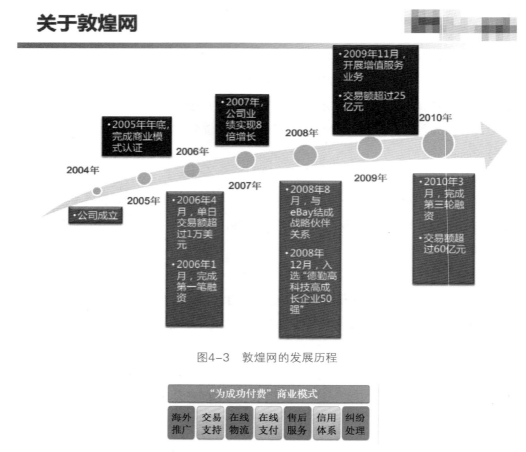

图4-3　敦煌网的发展历程

图4-4　敦煌网"为成功付费"的商业模式

### 4.2.2　跨境移动电子商务进口平台

随着移动互联网的发展，跨境进口购物也越来越方便。国内消费者现在可以足不出户，通过天猫国际、考拉海购等平台，购买需要的全球产品。在这些跨境移动电子商务进口平台中，小红书以它独特的社区分享性，受到了越来越多年轻人的青睐。

小红书是一个网络社区，也是一个跨境移动电子商务进口平台，还是一个共享平台，更是一个口碑库。小红书的用户既是消费者，又是分享者，还是与平台同行的好伙伴。小红书创办于2013年，通过深耕UGC购物分享社区，短短几年就成长为我国最大的消费类口碑库和社区电子商务平台之一。在小红书里，用户不仅将产品介绍得真实可信，也传递着美好的生活理念。2014年年底，小红书开通了电子商务平台，从此，用户不仅可以看到产品信息，还能直接购买来自全世界的优质产品。

截至2021年4月，小红书月活跃用户数高达1亿，其中70%的新增用户是"90后"。2017年6月6日，即小红书"6·6周年庆"当日，小红书开卖两小时销售额即达1亿元，成为"中国发展最快的创业公司之一"。小红书App首页如图4-5所示。

图4-5 小红书App首页

目前小红书主要包括两个板块：UGC模式的境外购物分享社区和跨境移动电子商务"福利社"。和其他电子商务平台不同，小红书是从社区起家，境外购物分享社区已经成为小红书的优势所在，也是其他平台难以复制的地方；跨境移动电子商务"福利社"采用B2C自营模式，直接与境外品牌商或大型贸易商合作，通过保税仓和境外直邮的方式发货给用户，满足不同用户的需求。凭借活跃的社区以及正品保障的自营模式，跨境移动电子商务"福利社"上线半年时间，销售额就突破7亿元。小红书在完成了从社区到电子商务升级蜕变的同时，也成为跨境移动电子商务领域的主力军。

### 1. UGC模式的境外购物分享社区

2013年6月，小红书创立，致力于让用户"逛遍世间好物，从此不花冤枉钱"，大家分享海淘"血并"攻略，创始人邀请了旅居新加坡、日本、韩国等地的同学、朋友一起提供从当地人的视角出发的购物攻略。

在运营过程中，小红书发现早期积累的用户开始在小红书上分享更多的购物笔记，不仅包括国内相关购物经验，还包括韩国、日本等其他国家的相关购物经验，而且他们会自发地讨论起来。于是小红书发现仅依靠公司内部的编辑是远远无法满足用户需求的，世界上的好东西太多了，需要每一个人参与分享，才能挖掘出更多好东西。于是，小红书决定尝试UGC模式。

在开发UGC模式期间，通过用户的自发分享，小红书积累了大量的产品口碑数据，以及可观的用户量。小红书很快就发现，这种方式虽然较之前的购物笔记在内容上更加充实，但很多用户希望能够快捷地购买产品。于是小红书继续顺应用户的需求，试水了电子商务，结果很受用户欢迎。例如，以"华为手机"为关键词进行搜索，小红书中就会出现购买过华为手机的用户的购买和使用经验，可以为其他用户的购买提供参考。

### 2. 跨境移动电子商务"福利社"

小红书与多个知名品牌达成了战略合作关系，越来越多的品牌商通过第三方平台在小红书销售产品。在小红书中，品牌授权和品牌直营模式并行，确保用户在小红书买到的都是正品。目前，小红书在29个国家/地区建立了专业的境外仓，郑州和深圳的保税仓面积超过5万平方米，并在仓库设立了产品检测实验室。用户如有任何疑问，小红书会直接将产品送往第三方科研机构进行光谱检测，以消除用户疑问。2017年，小红书建成Redelivery国际物流系统，确保国际物流的每一环节都可以被追溯：用户可以在物流信息里了解产品是坐哪一个航班来到境内的。

小红书设立保税仓备货，主要出于以下3个方面的考虑。

① 缩短用户与产品之间的距离。如果通过境外直邮等模式，用户动辄要等一个月才能收到货，而在小红书，用户下单后两三天就能收到货。

② 从保税仓发货可以打消用户对产品质量的顾虑。在这里，海关会对所有进口产品进行清点、检验、报关，在缴税后才放行。确保货物从境外进口，海关放行后直达用户手中。

③ 大批量同时运货能节省跨境运费、摊薄成本，从而降低用户为买一件产品实际付出的成本。在减去中间价和跨境运费之后，小红书基本能做到所售产品价格与其来源地的价格保持一致，甚至有时还会因为出口退税等政策低于来源地的价格。

小红书从诞生伊始，就根植于用户信任。因为，不论是在货源、送货速度上，还是在外包装上，取得用户信任、创造良好的用户体验都是小红书一贯坚持的战略。2020年6月，小红书的用户日均启动小红书的次数为20.5次，领跑整个行业。2020年6月主流电子商务应用日均启动次数如图4-6所示。

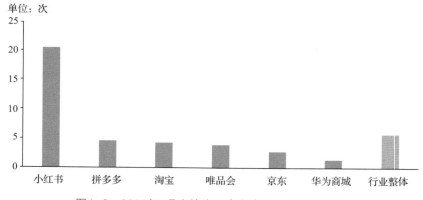

图4-6　2020年6月主流电子商务应用日均启动次数

根据易观千帆提供的2020年7月MAU超千万App增速Top20数据可知，小红书App在电子商务类App Top20中排第10位，如图4-7所示。

| 排名 | 二级领域 | App名称 | 7月活跃用户规模（万人） | 月活跃用户环比增幅 |
|---|---|---|---|---|
| | | **2020年7月MAU超千万App增速 Top20** | | |
| 1 | 社交网络 | 233乐园 | 1020.13 | 37.33% |
| 2 | 游戏中心 | TapTap | 1725.34 | 23.78% |
| 3 | 综合电商 | 京东极速版 | 1183.88 | 21.51% |
| 4 | 游戏工具 | 好游快爆 | 1003.80 | 20.38% |
| 5 | 游戏中心 | OPPO小游戏 | 1445.58 | 17.31% |
| 6 | 综合阅读 | 七猫免费小说 | 4362.32 | 14.22% |
| 7 | 付费问答 | 知乎 | 2358.74 | 13.87% |
| 8 | 证券服务应用 | 东方财富 | 1590.92 | 11.50% |
| 9 | 视频编辑 | 剪映 | 1178.49 | 11.45% |
| 10 | 综合社区论坛 | 小红书 | 14837.01 | 11.12% |
| 11 | 证券服务应用 | 涨乐财富通 | 1007.55 | 10.60% |
| 12 | 信用卡服务应用 | 阳光惠生活 | 1163.61 | 10.42% |
| 13 | 综合阅读 | 番茄免费小说 | 2603.98 | 10.18% |
| 14 | 外卖/订餐 | 美团外卖 | 4542.00 | 10.00% |
| 15 | 漫画 | 快看漫画 | 4383.54 | 9.83% |
| 16 | 移动音乐 | 酷我音乐 | 13419.16 | 9.64% |
| 17 | 综合旅游预订 | 飞猪 | 2707.86 | 9.49% |
| 18 | 应用商店 | 豌豆荚 | 1090.02 | 9.42% |
| 19 | 证券服务应用 | 大智慧 | 1023.20 | 9.40% |
| 20 | 聚合视频/视频导航 | 影视大全（le123） | 2198.28 | 8.88% |

图4-7 小红书App月活跃用户环比增幅在电子商务类App Top20中的排名

小红书App月用户活跃人数在2020年5月进口跨境电子商务类App中排第1位，如图4-8所示。

| 排名 | Logo | 应用名 | 活跃人数（万） | 环比增幅（%） |
|---|---|---|---|---|
| | | **2020年5月进口跨境电子商务互联网产品用户活跃人数 Top 10 排行榜** | | |
| 1 | 小红书 | 小红书 | 1164.39 | +3.31% |
| 2 | 考拉海购 | 考拉海购 | 754.34 | +4.02% |
| 3 | 云集 | 云集 VIP | 96.44 | +4.48% |
| 4 | 洋码头 | 洋码头 | 68.76 | +1.76% |
| 5 | 菠萝蜜 | 菠萝蜜 | 27.49 | +0.5% |
| 6 | 豌豆公主 | 豌豆公主 | 23.2 | +0.71% |
| 7 | 达令 | 达令全球好货 | 12.58 | +4.48% |
| 8 | B&G | 宝贝格子 | 8.47 | +4.79% |
| 9 | 女神派 | 女神派 | 4.56 | +2.12% |
| 10 | 55海淘 | 55海淘 | 3.93 | +2.17% |

图4-8 小红书App在2020年5月进口跨境电子商务类App中的排名

 课堂讨论

小红书 UGC 模式的优势体现在哪里？

# 4.3 跨境移动电子商务平台——Wish实操

## 4.3.1 Wish平台账号注册

步骤一：进入Wish商户平台注册页面（见图4-9），单击"立即开店"按钮。

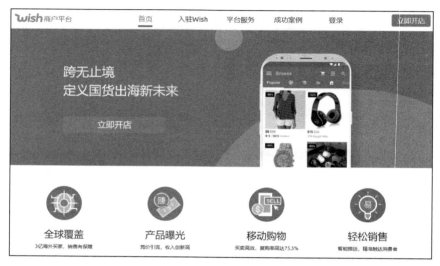

图4-9 Wish商户平台注册页面

步骤二：进入"开始创建Wish店铺"页面（见图4-10），填写账户信息；勾选"我已阅读并同意商户服务条款"，单击"商户服务条款"进入Wish与商户协议页面，阅读条款并勾选"我已阅读并理解以上所有条款"，单击"同意已选条款"按钮，如图4-11所示。

图4-10 "开始创建Wish店铺"页面

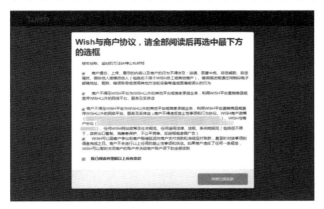

图4-11 Wish与商户协议页面

步骤三：Wish平台将发送验证邮件至注册邮箱，单击"立即查收邮件"按钮，如图4-12所示。

步骤四：进入注册邮箱，检查所收邮件。单击"确认邮箱"按钮或单击网址链接跳转至商户后台，如图4-13所示。

图4-12 发送验证邮件页面

图4-13 确认邮箱页面

步骤五：进入"告诉我们您的更多信息"页面，填写更多信息，单击"下一步"按钮，如图4-14所示。

图4-14 "告诉我们您的更多信息"页面

步骤六：进入企业账号实名认证页面，单击“开始实名认证”按钮，如图4-15所示。

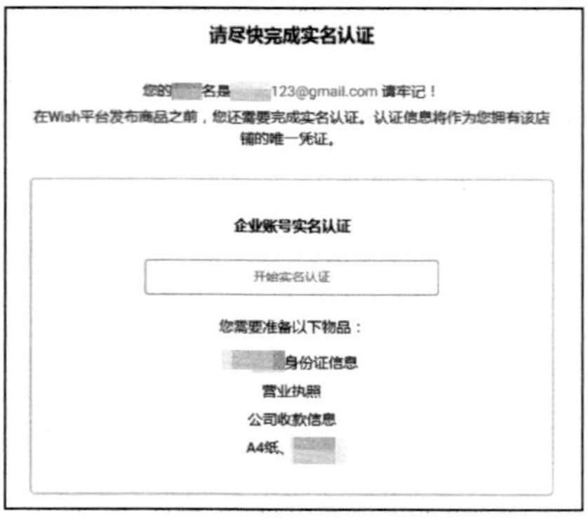


图4-15　企业账号实名认证页面

步骤七：依次填写公司信息（见图4-16）、法定代表人信息（见图4-17）、身份证认证（见图4-18）及支付信息。各项信息确认无误后，单击“下一页”按钮，提交信息，如图4-19所示。

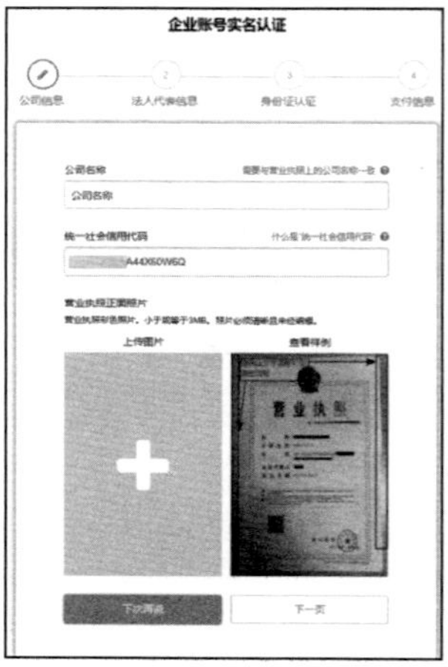


图4-16　公司信息

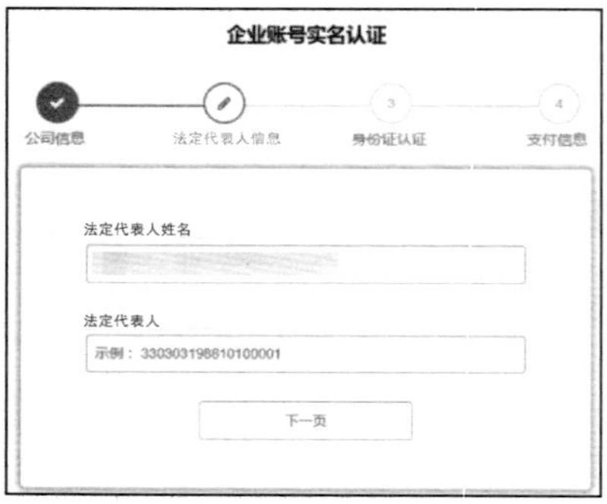


图4-17　法定代表人信息

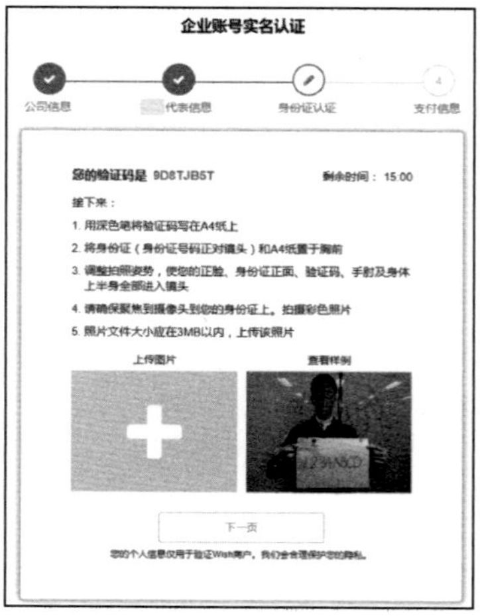


图4-18　身份证认证

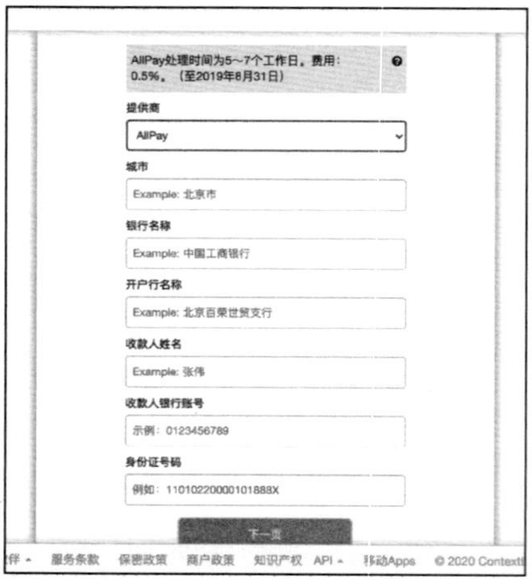


图4-19　支付信息

步骤八：返回商户后台首页，将收到"我们正在审核您的店铺"提示，如图4-20所示。

图4-20　"我们正在审核您的店铺"提示

Wish的审核方式是系统+人工审核，而且Wish把注册用户分为两类（企业和个人）。据不完全统计，企业卖家的审核时间为3个工作日，个人卖家的审核时间为7～15个工作日。其前提是资料提交完整且真实。

## 4.3.2　Wish平台手动上传产品

步骤一：登录账号后台，进入添加产品页面。

打开Wish卖家网页，登录后台，从顶部菜单栏依次单击"产品"按钮、"添加新产品"按钮和"指南"按钮，打开基本信息页面。

输入待上架产品的所有基本信息，包括名称（Product Name）、产品描述（Description）、标签（Tags）、产品编号（Unique Id），如图4-21所示。单击字段名称右侧的问号，将弹出有关该字段输入内容的更多信息。卖家最多可以为产品添加10个标签，标签越多，用户就越容易找到上架的产品。恰当地填写字段后，输入框旁边会出现绿色确认标志。

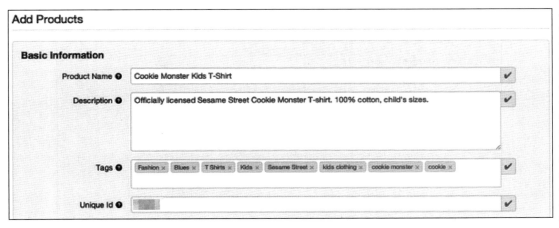

图4-21　基本信息页面

步骤二：上传产品图片，如图4-22所示。

Wish强烈鼓励卖家为每种产品上传多张高质量的图片。为产品上传多张高质量的图片可以让用户从各个角度查看产品，并提高其曝光率。上传图片有以下3种不同的方法。

① 拖曳。

② 从本地计算机上传。

③ 添加图片URL。

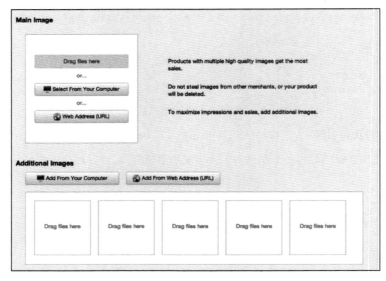

图4-22　上传产品图片

步骤三：添加价格及库存信息，如图4-23所示。

在此界面中，卖家可以输入产品的价格、本地化价格、数量、运输成本和运输时间。卖家可以从显示的日期范围中选择预设的装运时间；如果发货时间没有列出，卖家也可以手动输入。

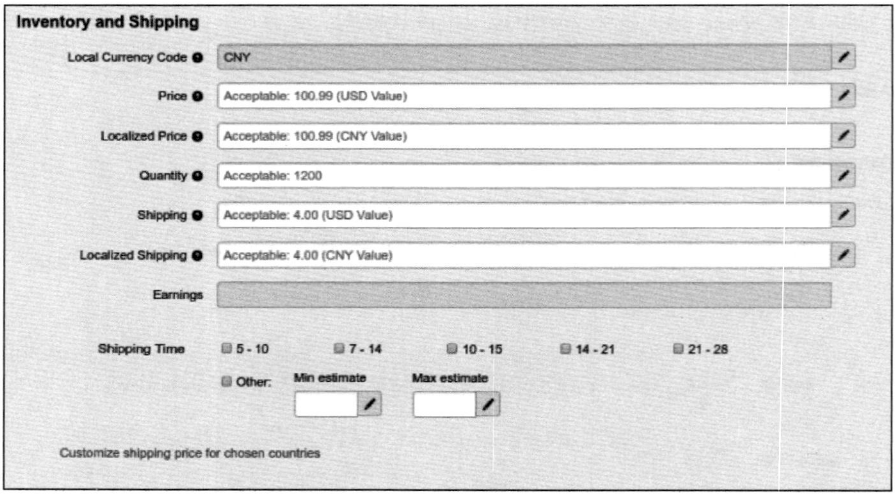

图4-23　添加价格及库存信息

步骤四：设置不同目的地的运费，如图4-24所示。

卖家可以设置每个国家/地区的装运价格和本地化装运价格。

步骤五：添加产品变量，包括尺寸和颜色，如图4-25所示。

增加销售量的方法之一是确保产品有完整的尺寸和颜色信息。拥有完整的尺寸和颜色信息的产品在Wish上的销量更大。用户信任那些拥有完整尺寸和颜色信息的产品。如果用户可以选择自己喜欢的尺寸和颜色，他们购买产品的可能性就会大得多。

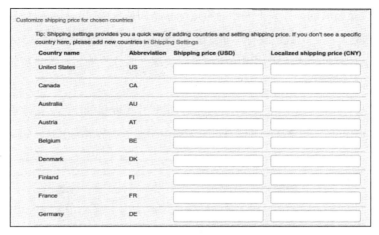

图4-24　设置不同目的地的运费

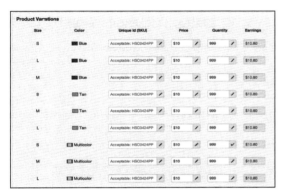

图4-25　添加产品变量

步骤六：设置其他产品信息，如图4-26所示。

展开"可选信息"，卖家可以添加更多信息。例如，卖家可以添加制造商建议零售价（Manufacturer Suggested Retail Price，MSRP）品牌名称，以及UPC和登录页URL等。

图4-26　设置其他产品信息

### 4.3.3　Wish平台CSV批量上传产品

当上架产品较多时，卖家可以使用商户平台上的"添加产品"工具（"产品" > "添加新产品" > "产品CSV文件"）上传CSV文件，一次上传多个产品。

步骤一：创建CSV文件。

① 创建产品信息电子表格。卖家可以从平台上下载文件模板（文件名为"Wish Feed Template.xlsx"）并填写产品信息。该文件的第1行列出了产品可能包含的属性。以星号（＊）开头的属性是

必填的，其他属性是选填的。如果不需要为特定产品添加某个属性，只需将该列从电子表格中移除。例如，添加钱包产品，但钱包没有尺寸变量，则可以从电子表格中移除“Size”（尺寸）列。卖家也可以在产品信息电子表格中使用与模板不同的属性名称。例如，卖家可使用“Inventory”（库存）代替“Quantity”（数量）。

② 输入产品及其属性信息。如果要上传有颜色或尺寸等变量的产品，卖家应在产品信息电子表格中添加3个或4个产品。卖家在产品信息电子表格中添加了一些产品信息，如图4-27所示。

| | A | B | C | D | E | F | G | H | I | J | K | |
|---|---|---|---|---|---|---|---|---|---|---|---|---|
| 1 | Parent Unique ID | Unique ID | Product Name | Description | Tags | Price | Shipping | MSRP | Quantity | Color | Size | |
| 2 | TG-088 | TG-088 | Sleeveless High and Low Chiffon Dress | Simple, shining a | High and low dre | 20 | 4 | 22 | 600 | Mint | XS | ht |
| 3 | TG-088 | TG-088_Mint_S | Sleeveless High and Low Chiffon Dress | Simple, shining a | High and low dre | 20 | 4 | 22 | 200 | Mint | S | ht |
| 4 | TG-088 | TG-088_Mint_M | Sleeveless High and Low Chiffon Dress | Simple, shining a | High and low dre | 20 | 4 | 22 | 200 | Mint | M | ht |
| 5 | TG-088 | TG-088_Mint_L | Sleeveless High and Low Chiffon Dress | Simple, shining a | High and low dre | 20 | 4 | 22 | 200 | Mint | L | ht |
| 6 | TG-088 | TG-088_Mint_XL | Sleeveless High and Low Chiffon Dress | Simple, shining a | High and low dre | 20 | 4 | 22 | 200 | Mint | XL | ht |
| 7 | TG-088 | TG-088_Pink_XS | Sleeveless High and Low Chiffon Dress | Simple, shining a | High and low dre | 20 | 4 | 22 | 200 | Pink | XS | ht |
| 8 | TG-088 | TG-088_Pink_S | Sleeveless High and Low Chiffon Dress | Simple, shining a | High and low dre | 20 | 4 | 22 | 200 | Pink | S | ht |
| 9 | TG-088 | TG-088_Pink_M | Sleeveless High and Low Chiffon Dress | Simple, shining a | High and low dre | 20 | 4 | 22 | 200 | Pink | M | ht |
| 10 | TG-088 | TG-088_Pink_L | Sleeveless High and Low Chiffon Dress | Simple, shining a | High and low dre | 20 | 4 | 22 | 200 | Pink | L | ht |
| 11 | | | | | | | | | | | | |

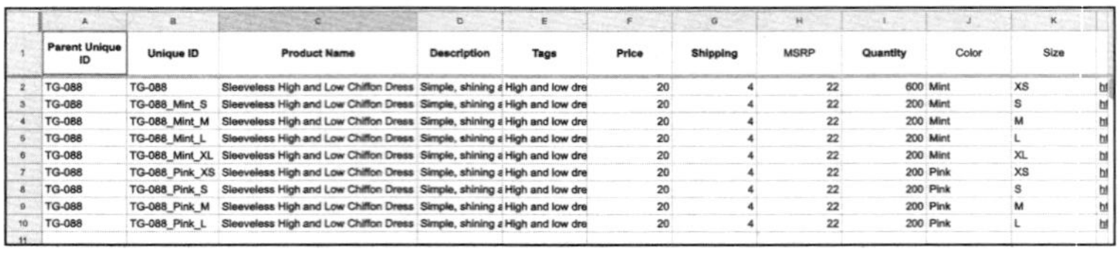

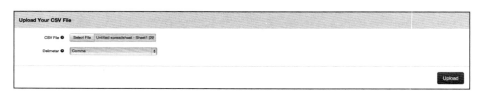

图4-27　已添加的产品信息

③ 创建好产品信息电子表格后，将其另存为CSV文件。如果使用的是Excel，则可以单击“文件”>“另存为”，然后选择格式为“CSV（逗号分隔）”。如果使用的是Google Drive，则可以单击“文件”>“下载为”>“逗号分隔值”。

步骤二：上传CSV文件并映射属性。

① 在商户平台上，登录商家账号，单击“产品”>“添加新产品”>“产品CSV文件”，选择相关的CSV文件，然后单击“Upload”按钮，如图4-28所示。

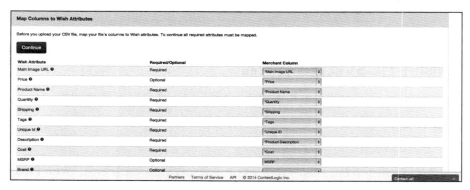

图4-28　添加产品CSV文件页面

② “映射”即将 Feed 文件中的属性名称与平台上的属性名称进行匹配。映射所有必填属性后，“Continue”按钮将从灰色变为蓝色，即可单击，如图4-29所示。在页面左侧进行“映射”操作，在页面右侧就可以预览正在上传的产品信息，上传完成后单击“Continue”按钮。

图4-29　映射属性页面

步骤三：确认文件导入及上传的状态。

① 当CSV文件被接收后，卖家将立即收到确认通知。产品的导入可能需要24小时才能完成。

② 要查看文件导入状态，可单击"查看导入状态页"蓝色按钮。卖家也可以通过以下方式找到此页面：单击"产品">"产品CSV文件状态"，然后单击特定上传作业的"查看报告"按钮。

## 4.3.4　Wish平台创建FBW配送计划

步骤一：在商户平台上进入"创建FBW配送计划"页面，如图4-30所示。

Wish在美国和欧洲提供了多个FBW仓库，卖家可以先选择库存入仓地区。卖家可以选择合适的仓库来接收和存储库存。如果卖家要将产品配送至北美洲和欧洲的多个国家/地区，还可以选择多个FBW入仓地区和FBW仓库。通过单击"显示更多详情"，卖家可以查看每个FBW仓库的详情，包括其费用明细表。

图4-30　"创建FBW配送计划"页面

步骤二：选择要添加到配送计划中的产品。

卖家可以选择将Wish推荐的热销产品添加到配送计划中，也可以自己手动添加SKU。

① 如需查看Wish精选产品并将其添加到配送计划中，以便接受FBW更快捷的物流服务和支付较低的运费，可进入"选择产品"页面，切换到"Wish精选产品"选项卡，如图4-31所示。

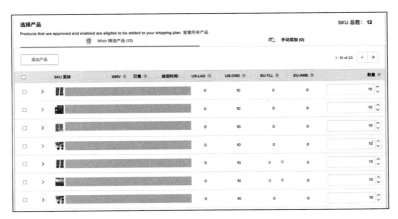

图4-31　"Wish精选产品"选项卡

② 若要手动选择添加到该配送计划中的产品，可切换到"手动添加"选项卡，然后单击"添加产品"按钮，如图4-32所示。

图4-32 "手动添加"选项卡

③ 在弹出的"手动添加产品至配送计划"页面中手动将产品添加至配送计划中，如图4-33所示。

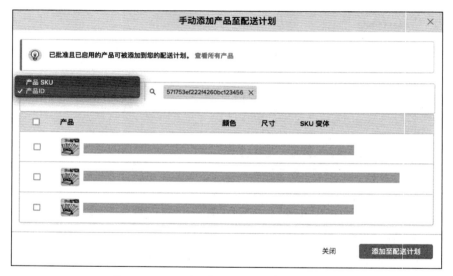

图4-33 "手动添加产品至配送计划"页面

④ 卖家可以选择计划配送到FBW仓库的产品总数量。FBW系统将基于数据分析自动进行所选仓库之间的分配，如图4-34所示。

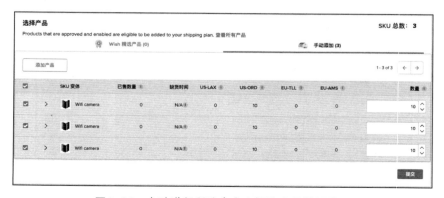

图4-34 自动进行所选仓库之间的产品数量分配

步骤三：提交配送计划。单击页面右下角的"提交"按钮，将出现确认弹窗，核对相关信息后，单击"确认"按钮即可提交配送计划，如图4-35所示。

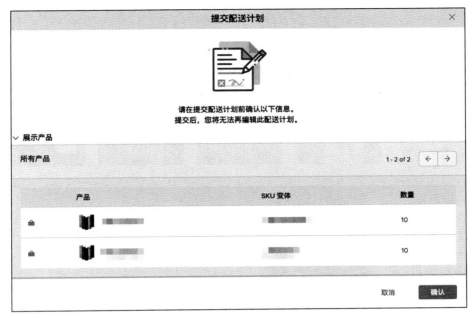

图4-35 "提交配送计划"页面

步骤四：设置运费。

① 页面将跳转至"FBW配送计划详情"页面，卖家可以查看刚刚创建的配送计划，如图4-36所示。

图4-36 "FBW配送计划详情"页面

② 卖家可以在此页面设置运费，查看如何包装产品以配送至FBW仓库的说明，如图4-37所示；并下载所选仓库的箱体标签/装箱清单，如图4-38所示。

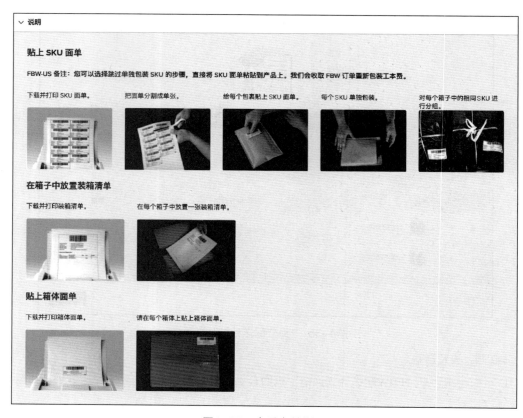

图4-37　查看有关说明

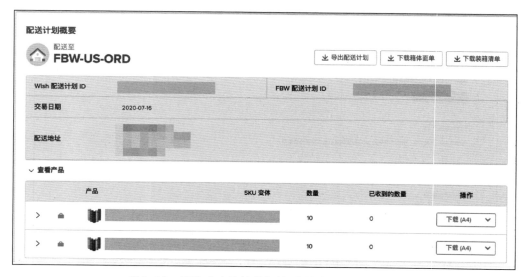

图4-38　所选仓库的箱体标签/装箱清单的下载页面

步骤五：进入"待处理的FBW配送计划"页面，查看待处理配送计划的详情，如图4-39所示。

图4-39 "待处理的FBW配送计划"页面

**素养拓展** 开拓数字丝路，跨境电子商务成"一带一路"亮点

数字经济打破时空与地理的界限，跨境电子商务连通全球的买家和卖家，让人与人之间的关系更加紧密。

2018—2020年，宁波跨境电子商务零售进口网购保税业务规模稳居全国首位。2020年，宁波跨境电子商务网购保税进口申报清单约为1.2亿单，总交易金额约为261.1亿元，占全国业务量的1/4。2021年上半年，宁波跨境进口申报总单量累计达4.4亿单，总交易金额突破860亿元。电子商务已经成为"一带一路"经贸合作中活跃程度高、发展潜力大的新引擎。截至2021年6月，我国已与五大洲22个国家建立了电子商务双边合作机制，开展了政策沟通、规划对接、产业促进、地方合作、能力建设等多领域多层次的合作。我国秉持开放、自愿、共享的原则，通过加强电子商务领域的交流合作，与其他国家共同探索互利共赢的合作新模式，共享数字经济发展红利。

# 第5章

## 移动营销

知识结构图 ↓

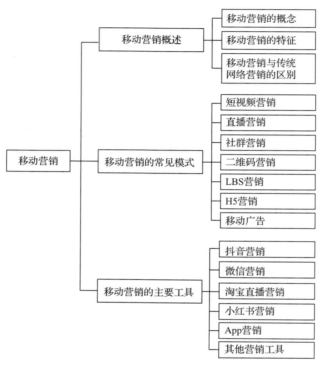

学习目标 ↓

- 了解移动营销的概念、特征及其与传统网络营销的区别。
- 了解移动营销的常见模式。
- 了解移动营销的主要工具。

扫一扫

学思融合

素养目标 ↓

- 了解《网络直播营销行为规范》等移动营销规范如何促进移动营销行业健康发展。
- 了解短视频、直播等在促进经济社会发展中的作用。

## 携程旅行 + 抖音的 "FUN 肆之旅"

根据抖音发布的《2019 年抖音数据报告》，抖音日活跃用户已经于 2020 年 1 月达到 4 亿人。在此背景下，各大知名品牌企业也开始借势营销，携程旅行就是其中一家，并取得了惊人的效果。

1. 结缘背景

2018 年国庆期间，抖音为热爱生活、热爱挑战的用户打造"FUN 肆趣旅游抖一下"专属旅行季，打造首个抖音自有旅行类 IP。同时，携程旅行觉察到大众旅游需求的增长趋势，联合抖音基于旅行进行 IP 和美好内容共建，在 2018 年的十一黄金周为大众奉上最"FUN 肆"的优质旅行内容。

2. 营销步骤

（1）趣味 H5 预热引流

携程旅行在 2018 年 9 月 27 日投放了一款名为"FUN 游物种"的创意 H5 互动游戏进行预热，通过创新性地使用"短视频 + 游戏"来测试每个人的动物旅行人格。用户测试后，下方会显示"立即开启 FUN 肆之旅"的按钮，如图 5-1 所示。在完成动物旅行人格测试后，每个用户均可获得一张属于自己的动物卡牌的精美海报，如图 5-2 所示。H5 上线 3 小时，用户总浏览量就超过了 100 万次。《FUN 游物种》也迅速"刷屏"朋友圈。

图5-1　《FUN游物种》H5页面　　　　　　图5-2　动物卡牌的精美海报

（2）抖音"达人"联动造势

H5 创意为活动做了铺垫，活动正式开始时，携程旅行邀请了一些抖音"达人"，在旅行热门目的地重庆、三亚等地发起"携程 FUN 肆之旅"挑战赛。"达人"们以"FUN 肆"为核心，分享自己的旅行故事，为大家示范新潮的旅行"打卡"方式，高质量内容迅速吸引大量用户参与。抖音用户可使用携程旅行定制背景音乐、旅行风贴纸，打开脑洞发挥创意，拍出自己"FUN 肆"的一面，记录旅行中美丽的瞬间。无论是想在"网红"景点"打卡"，还是想将美景分享给亲朋好友，或是留住旅行中所遇到的精彩与乐趣，都包含在本次抖音主题旅行季挑战赛中。

（3）全渠道覆盖

除了邀请抖音"达人"参与外，优质的广告位投放资源也大幅缩短了品牌与用户的沟通路径，提高了品牌营销效率。在此次活动中，抖音给予携程旅行大量资源位，利用抖音平台开屏、发现页Banner、发现页热搜、挑战搜索专题页等强势资源进行配合，实现用户参与挑战赛路径的全覆盖，为"携程FUN肆之旅"挑战赛多触点导流。

（4）福利激励用户参与

上述内容也许能带来高流量，但若想大力鼓动用户参与"携程FUN肆之旅"挑战赛，共同制造内容，就需要有一定的激励机制。携程旅行抓住了年轻人的喜好，设置相应奖品作为福利，并且将抽奖机制进行了微调，以"赞数"排名为衡量基准，将挑战赛推向高潮，也为活动的曝光量和参与量带来了一定的助益。

最终，携程旅行和抖音联合打造的"携程FUN肆之旅"累计播放量破48亿次，如图5-3所示。此案例成为抖音基于垂直内容打造独立IP商业化项目的典范，同时品牌基于抖音平台定制创新玩法也成为节假日营销的新典范。

图5-3 "携程FUN肆之旅"抖音活动页面

# 5.1 移动营销概述

## 5.1.1 移动营销的概念

关于移动营销的概念，艾媒咨询在《2016上半年中国移动营销市场专题研究报告》中指出，移动营销是面向移动终端用户，在移动终端上直接向目标用户定向和精确地传达个性化即时信息，通过与月户的信息互动达到市场营销目标的行为；艾瑞咨询在《2018年中国移动营销行业洞察报告-产业篇》中指出，移动营销是依托于移动互联网，在移动终端呈现给用户，以各种移动媒体形式发布产品、活动或服务的相关信息的行为。

结合目前的移动互联网环境，本书对移动营销的定义如下：移动营销是指企业等组织利用社交、在线购物、在线门户等移动端平台，通过二维码、文字图片、短视频、直播等形式，向目标用户进行信息的快速传播，以及与之进行实时有效的互动，从而实现市场调研、产品推广、用户关系管理、品牌传播、危机公关等功能的营销行为。

移动营销的实质是针对目标市场定位，通过具有创意的沟通方式，依托移动互联网，借助移动视频、移动资讯、移动社交、移动搜索等方式，向用户传递某种品牌价值，以获益为目的的过程。移动营销的主体包含广告主、移动营销服务商、移动媒体和用户，如图5-4所示，移动营销的行为基于移动互联网完成，其核心目的是帮助广告主推广其产品或服务的相关信息。

图5-4 移动营销主体和行为

我们平时接触比较多的抖音、快手、微信、微博、微信公众号、微网站等组合在一起并不是移动营镨，它们都是实现移动营销的工具和方法。图5-5所示为移动营销的部分构成。

图5-5 移动营销的部分构成

## 5.1.2 移动营销的特征

### 1. 营销模式多样、有趣

随着移动互联网平台的发展以及商业模式的创新，移动营销模式越来越多样化，包括新媒体营销、LBS营销、短视频营销和直播营销等；营销内容的展示形式也越来越有趣，从传统的文字图片，到游戏、短视频、直播等场景，多样化的场景化营销不仅能够让用户体验到营销的趣味性，还能让用户全方位地了解产品特质。

### 2. 信息传播精准、有效

移动营销可以探知各个移动终端用户的行为习惯、需求偏好、消费历史、地理位置、使用时间等，借助大数据分析技术，能够对用户进行聚类划分，并为其贴上不同的标签，实现对目标用户更为精细的划分。在此细分的基础上，根据目标用户的需求期待，设计出相应的宣传信息并进行推送，实现"一对一"服务，不仅能提高宣传精准度，还能增强宣传效果。

### 3. 沟通互动及时，方式丰富

移动终端设备是用来沟通的通信工具，具有天然的沟通优势。企业通过移动营销能够及时触达用户，用户也能够通过各类App第一时间将自己在营销、决策和产品使用过程中的感受告诉企业。企业还可以利用在线问答，及时应答用户的咨询，留住用户。一般而言，主动咨询的用户的购买意向非常强烈，如果企业对其详细解说产品，打消其疑虑，很可能会促成购买。另外，企业在移动营销过程中，借助于各类App的功能，与用户之间的沟通方式也变得越来越丰富。增加签到、回复、转发的奖励，刺激用户参与对产品的关注、评论和分享，这不仅可以提升用户兴趣，还可以挖掘潜在用户群。

### 4. 时间空间延长、拓宽

移动营销是不受时间和空间限制的，只要具备无线网络和移动终端，企业可以随时随地向用户进行业务推广，用户也能够随时随地接收企业提供的信息和服务。即时性和定时性是移动营销的两大时间特点。即时性能让企业在第一时间与用户展开交流。定时性则是指围绕用户的使用习惯，在其最需要的时候推送相关信息。位置性是移动营销最重要的空间特点。移动终端都具有定位功能，用户的位置信息对于企业来说至关重要。

### 5. 成本相对来说较低廉

众所周知，随着互联网的发展和普及，以及企业纷纷布局，流量成本越来越高，但相对于第三方平台上的运营推广费用，借助于各类App开展的移动营销成本还是相对低廉的。个人可以借助于微信朋友圈、抖音短视频和直播来进行推广；中小型企业可以借助于微信公众号向粉丝广泛地发送宣传信息，其间只需要花费广告制作费和流量费。企业号的粉丝动辄上万个甚至上百万个，一条群发消息便可让这么多人在极短时间内接收到企业的广告消息，而且消息是确切的、详细的、可随时查看的、直接通向购买路径的。但由于现在越来越多的个人和企业在开展移动营销，要想在如此激烈的竞争中脱颖而出，个人和企业需要花大量的时间、人力等成本去制作更好的营销软文等。

### 5.1.3　移动营销与传统网络营销的区别

随着移动互联网的发展和智能手机的普及，移动营销赋予个体和企业的力量越来越强，其精准定位、多样化场景、互动销售、低成本、高性价比以及对各类营销渠道的整合等突出特点，达到了出奇制胜的营销效果。移动营销改变了传统网络营销的理念和模式，成为现代社会具有重要战略意义的营销模式。移动营销与传统网络营销相比有以下几个特点。

○ 信息的传递方向从单向变为双向，反馈由间接的、私下的变为直接的、公开的。不同于传统网络营销的单向性传播，微信、抖音等社交媒体的发展及其平台的互动特性，使得信息传递的交互性、双向性更强，用户和企业之间能够及时实现信息互动。

② 交流由组织对人逐步转变为人对人，开启了个性化和人性化对话。传统网络营销的交流由企业面向用户提供服务、产品及信息，而厌倦了铺天盖地的营销信息传播的用户，显然更能接受更有针对性的个性化、人性化服务。

③ 营销中心由产品向用户转变。在社交媒体发展的大背景下，企业营销策略的制订与实施在很大程度上依赖于对用户需求的分析与研究，这要求企业及时研究用户的需求，然后按需求组织生产活动，并根据用户需求的发展和变化及时调整自己的产品结构、种类和档次，从以市场与产品为中心的营销不断向以用户为中心的营销转变。

④ 营销模式融入实体场景，用户获得沉浸式体验。传统网络营销模式比较单一，用户更多的是被动地接受虚拟信息的传播。而随着移动互联网的高速发展，以及移动终端的智能化，移动营销融入游戏、实体场景等元素，通过短视频、直播等方式让用户实现"所见即所得"，甚至能直观地向用户展示产品的生产过程、消费体验等，用户获得越来越丰富的沉浸式体验。

⑤ 口碑影响力不断上升。对移动营销而言，口碑的影响力十分重要。由于社交媒体中的沟通是以对话、互动的口碑形式进行的，所以移动营销与传统网络营销相比有更强的可靠性、更强的相关性和更强的移情性。移动营销因其具有的公开性、参与性，打破了口碑传播的时间、空间和关系界限。

**⚟ 课堂讨论**

对身边的一些营销元素进行观察，说说移动营销推广的种类和方法有哪些。

## 5.2　移动营销的常见模式

### 5.2.1　短视频营销

短视频营销指在短视频平台进行软/硬广告投放的广告营销模式。与传统互联网广告营销路径"注意→兴趣→搜索→行动→分享"相比，短视频营销通过精准触达用户、刺激用户购买产品，大幅缩短了品牌营销路径，助力品牌营销提速增效。

在2020年我国短视频用户最常使用的短视频平台中，抖音以45.2%的占比排第1位，快手和哔哩哔哩分别占17.9%和13.0%，排第2位、第3位。其他字节系列短视频产品如西瓜视频、抖音火山版等占比也分别达到4.3%和1.6%，如图5-6所示。

图5-6　2020年我国短视频用户最常使用短视频应用情况调查

短视频平台通过将内容、分发和用户三方数据贯通，能将短视频营销内容精准且高效地推送至受众，提升品牌宣传、电商导流等方面的商业价值。在内容制作方面，短视频营销内容制作周期短，投入成本低，且与其他内容相比更具灵活性，可满足广告主的个性化推广需求。在分发与传播方面，较为优质的原生短视频营销内容会被用户自发地进行二次转发，甚至部分头部优质内容可在用户群中实现短期病毒式的传播效果。在用户方面，短视频平台具备社交媒体的互动属性，基于短视频"短、快、精"传递信息的特征，短视频营销可快速吸引用户，加快信息接收速度。

### 1. 短视频营销产品及类型

短视频营销产品分为广告类产品及自助化商业开发平台两大类型。

广告类产品包括开屏、信息流、定制话题活动、官方挑战赛、粉丝头条、视频浮窗等。其中信息流广告是短视频平台的聚焦方向，例如2019年快手60%的广告营销策略集中于信息流广告业务。

自助化商业开放平台包括主打内容价值的短视频账号（如抖音蓝V企业号、快手商业号等）、主打社交价值的KOL广告交易平台（如抖音星图平台、快手快接单和快享计划、美拍M计划等）。

短视频营销类型可基于内容传播和内容呈现方式划分。基于内容传播方式划分，短视频营销可分为3种形式：场景式、情感式、"网红"式。基于内容呈现方式划分，短视频营销也可分为3种形式：病毒式、贴片式、植入式。短视频营销类型如表5-1所示。

表5-1　短视频营销类型

| 基于内容传播方式划分 | 场景式短视频营销 | 1. 基于大数据技术实现定制营销内容创造；<br>2. 创造关联场景，刺激用户需求释放 |
|---|---|---|
| | 情感式短视频营销 | 以用户的情感需求为导向 |
| | "网红"式短视频营销 | 1. 利用"网红"背书降低用户对产品产生信任的成本；<br>2. 用户群体精准度高 |

续表

| 基于内容呈现方式划分 | 病毒式短视频营销 | 传播覆盖面广，通过口口相传实现二次传播 |
|---|---|---|
| | 贴片式短视频营销 | 播放时间自由度高，实现全方位营销 |
| | 植入式短视频营销 | 1. 有针对性地选择视频内容植入；<br>2. 产品和短视频内容高度融合 |

### 2. 短视频营销的商业合作模式

短视频平台的广告营销服务日趋规范化，且营销效果较为显著，广告主更加倾向于与短视频平台合作，以获得稳定且专业的营销服务。短视频营销的商业合作模式如图5-7所示。

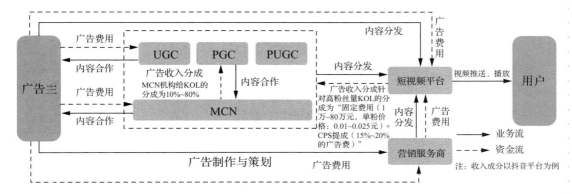

图5-7　短视频营销的商业合作模式

（1）广告主与KOL（UGC、PGC、PUGC）直接合作

有着明确营销受众和营销需求的广告主会选择与KOL直接合作，一般采用让其代言或站台等形式。

（2）广告主与MCN机构合作

营销需求不明确的广告主会与MCN机构合作，让其推荐符合要求的"网红"或KOL。同时，MCN机构可提供如内容创作、内容分发等增值服务。

（3）广告主与短视频平台或营销服务商合作

具有长期稳定广告营销需求的广告主会与平台或营销服务商直接合作，通过硬广投放的方式达到宣传目的。短视频平台或营销服务商的内容创作者、广告投放位等资源丰富，有利于提升广告营销效果。

📖 **案例分析**　　　　**产品定位及传播模式分析**

作为一个内容平台，快手不仅要连接上游的内容创作者和下游消费内容的用户，还承担着内容分发和商业化运营等重要角色。2020年，快手在电子商务平台、媒体入驻、MCN机构内容创作等多方面发力，全面加速内容建设。快手运营模式如图5-8所示。

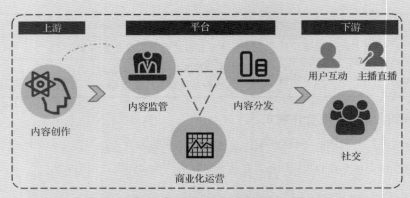

图5-8　快手运营模式

（1）品牌更新定位

2020年，快手更新了品牌Logo，将原本的立体视图设计转化为平面视图，并简化为基础的几何图形，同时将品牌Slogan由"看见每一种生活"升级为"拥抱每一种生活"。此外，快手在品牌升级的战略中通过品牌形象片、品牌营销活动，着重强调了科技赋能、自我价值、社会认同3个方面的品牌价值观，积极寻求与主流文化的契合点，从而尽可能地跳出大众对其固有的"土味"认知，以一种更加主流的形象展示在大众面前。

（2）形象片深化品牌理念

2020年，快手频繁推出新形象宣传片，从多种角度去改变用户看法，树立多样的形象，如《拥抱每一种生活》《一份创造幸福感的工作》《看见》等，以此诠释"拥抱每一种生活"品牌Slogan。《看见》为大众展现了快手平台中文化的百花齐放，鼓励大众去接纳包容多元的文化，并在接纳过程中认可自己、看见社会的美好，这也表达了快手的企业愿景与社会责任感。快手形象片如图5-9所示。

| 拥抱每一种生活 | 一份创造幸福感的工作 | 看见 |

图5-9　快手形象片

（3）冠名综艺节目

自2017年起，快手积极参与综艺节目的冠名与赞助，在综艺中投放压屏条、口播、提示标、中插视频等广告。快手是中央广播电视总台2020年《春节联欢晚会》独家互动合作伙伴。在《我要上春晚》节目中，快手除了成为节目预告的播送渠道，更是直接成为竞赛选手的报名和初选平台。快手以接纳包容的姿态，积累了庞大的下沉市场用户，并且以"多元化"这一概念作为品牌形象升级的核心，逐渐摆脱"土味"标签。

**⇄ 课堂讨论**

观察现实生活中的短视频营销案例，结合所学知识，尝试总结并分析案例中运用的短视频营销策略。

## 5.2.2 直播营销

2005—2014年，直播观看端口以PC端为主，直播内容以秀场直播为主，较为单一。2015—2016年，直播由PC端转向移动端，吸引大量创作者，2016年被称为移动直播元年。从2017年起，流量、三播和资本开始向头部平台聚集，直播渗透到各个领域。2019—2020年，"云购物""云学习""云演出"等各种各样的直播创新层出不穷，直播与传统行业进一步融合，我国在线直播行业进入多维发展阶段。

直播是一种实时性和互动性显著的互联网内容传播形式。不同于文字、图片、视频等形式，直播能够与用户实时交互。直播营销是指在现场随着事件的发生、发展同时制作和播出节目的营销方式，该营销活动以直播平台为载体，以使企业获得品牌形象的提升或销量的增长为目的，直播的核心价值在于它具有较强的集中用户注意力的能力。

### 1. 直播营销的优势

（1）精准用户

所有的直播都具有即时性，所以用户要想观看品牌直播，需要在一个特定的时间进入品牌的直播页面。而这与互联网用户日常获取信息时利用的"碎片化时间"相冲突，因此，能够在特定时间进入直播页面的大多是对品牌或者对直播信息具有较高忠诚度的用户。例如，游戏主播一般拥有固定的直播时段，其真正的粉丝会在这段时间进入直播间观看直播。所以，直播吸引的都是较为精准的"目标用户"。

（2）增强互动

我们日常所看到的广告一般是图文类型或者视频类型，这些广告都是制作好的"成品"。用户只有接受行为，没有参与行为。但是在直播中，用户可以在内容产生的过程中发表自己的看法，与内容创作者产生有效的互动，这能大大提升用户的参与感。

（3）即时沟通

在内容生产的这段时间里，用户可以通过直播平台发表自己的看法，不仅能够与内容创作者进行交流，同时还能够与观看直播的其他用户进行即时沟通，其他营销形式则很难实现这一点。例如，微博或微信的用户都是以评论的形式发表看法，而内容创作者对评论的回复以及与用户的交流有一定延迟，这样并不利于沟通。

### 2. 直播营销的流程

无论是品牌还是个人，在进行直播营销时往往都遵循以下流程。

（1）精确的市场调研

直播营销的前提是深刻了解用户需要什么，企业能够提供什么，同时还要避免同质化的竞争。因此，只有精确地做好市场调研，才能做出真正让用户喜欢的营销方案。

（2）项目优缺点分析

直播营销需要充足的经费、丰富的人脉资源，但对大多数企业来说，它们没有充足的资金和丰富的人脉资源，需要充分发挥自身的优势来弥补。一个项目并不是仅通过人脉、财力的堆积就可以达到预期的效果，只有充分发挥自身的优势，才能取得意想不到的效果。

（3）受众定位

能够产生相应效果的营销才是有价值的。企业的受众是谁，他们能够接受什么等，都需要做恰当的市场调研。找到合适的受众是做好营销工作的关键。

（4）直播平台的选择

对于想开展直播营销的品牌来说，它们会面临选择直播平台的难题。直播平台的选择应综合考虑平台调性、用户、流量推荐、内容制作和主播等因素。

不同类型的直播平台有不同的用户属性，企业要根据品牌及活动进行有针对性的选择。不同定位的直播平台的头部流量是不一样的，所以企业要尽量选择平台头部流量资源与品牌相契合的直播平台。

（5）良好的直播方案设计

做完上述工作之后，最后要形成一个良好的直播方案。在整个直播方案的设计过程中，销售策划及广告策划需要共同参与，让产品在营销和视觉效果上都恰到好处。在直播过程中，过度的营销往往会引起用户的反感，所以在设计直播方案时，设计人员需准确把握视觉效果和营销方式。

（6）后期有效反馈

营销最终要落实在转化率上，实施及后期反馈要跟上，企业可以通过数据反馈不断地调整营销方案，不断提高营销方案的可实施性。

**✗ 课堂讨论**

结合本小节所学内容，尝试从营销流程和营销策略等方面，分析你了解到的成功的直播营销案例。

**案例分析**

"大咖"电商直播"带货"

2020年，直播行业呈现出前所未有的爆发力。越来越多的"大咖"加入电商直播的行列，掀起了一波直播热潮，相对以"网红"为主的直播"带货"，让观众感到新鲜不已。

2020年5月1日，央视新闻与国美零售合作，在多个平台进行同步直播，直播销售的产品主要包括海尔、华为、格力、美的、方太、荣耀、德龙、摩飞等的一系列生活家电和数码3C产品。3个小时内，直播观看人数超过1 600万，成交额超过5亿元。"央视四子"直播"带货"时就像说相声，氛围轻松愉悦，对产品功能信手拈来，为直播的成功打下了良好的基础。

"大咖带货"，正在成为电商直播行业的分水岭，预示着直播"带货"将进入一个"群雄争霸"的新阶段。内容价值、名人效应、公域流量……将会赋予电商直播更多可能性，更令人心潮澎湃的是消费端公众对名人"带货"表现出巨大的热情。未来，直播或将成为产品供给消费过程中的标配环节，并成为企业、品牌、名人乃至普通人的一种重要竞争手段。

## 5.2.3　社群营销

社群营销是基于相同或相似的兴趣爱好，通过某种载体聚集人气，利用产品或服务满足群体需求而产生的商业形态。它借助社群内部的横向沟通，发现并满足社群及其成员的需求，以此达到营销目的。

社群营销是品牌传播及产品销售的热门方式，其载体不局限于微信，各种平台都可以做社群营销。论坛、微博、微信群、QQ群，甚至线下的社区，都可以做社群营销。典型的社群营销如罗辑思维，通过媒体内容吸引一群人，然后把流量引入商城。小米利用社群运营与社会化营销，成为品牌社群营销的典型案例。黑马社群协同创始人群体，打造创业服务生态圈。此外，还有许多基于行业、兴趣、地域的社群。

### 1. 社群运营工具

社群的价值通过运营体现出来。社群运营需要专业的执行团队，该团队至少具有4个职能：内容生产、活动策划、新媒体运营、客服。在社群运营上，企业可以选择使用社群运营工具。例如孤鹿社群管理平台，能够全方位满足社群的需求，包含发活动、发报名表、发问卷等场景功能，以及用户影响力排行榜、打赏可见内容、渠道分发等创新玩法，所有社群成员的数据都会沉淀在孤鹿为企业开发的会员管理系统上，社群运营因此变得更简单。对活动参与者进行标签化管理，可以使得以后发布或推广类似活动时的受众群体更加精确。孤鹿社群管理平台如图5-10所示。

社群管理平台支持票务设置、表单填写、活动报名管理、线上线下签到、商家促销活动、线上线下会议讲座、聚会娱乐、赛事演出门票出售等。在孤鹿社群管理平台上，用户可以像在活动行、互动吧上一样发布活动，也可以像在麦客、金数据上一样发布表单、收集数据，还可以像在轻松筹、开始众筹上一样发布众筹商品、众筹活动。图5-11所示为孤鹿社群活动报名入口。

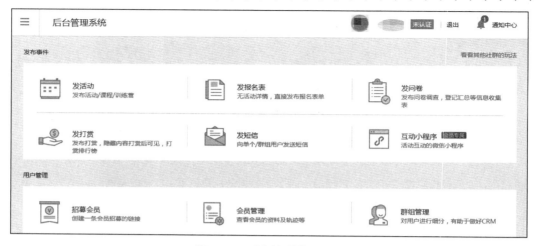

图5-10　孤鹿社群管理平台

图5-11　孤鹿社群活动报名入口

## 2. 社群营销策略

① 搭建互动平台，发现与培养核心用户。社群运营需要有一批核心用户，这些用户通常是产品的忠实粉丝。他们非常喜欢企业的产品，甚至多次购买并将其推荐给朋友。客服人员需要在平时的接待过程中及时发现这样的用户，在沟通或回访这些用户的过程中不只是谈产品，更要沟通感情，深度挖掘其需求，认真聆听其反馈，与其成为朋友。

② 挖掘用户数据，助力定制产品设计。移动用户是数以万亿计的不断变化的庞大群体，用户

的需求不仅多样化、个性化，而且多变。企业线上品牌社群的出现使得企业的品牌社群本身就成为用户大数据库，这不仅大大降低了企业的市场调研成本，还可使企业及时获得关于用户需求的数据资料。

③ 设置参与环节，推动社群互动。企业可通过论坛、微博、QQ等社会化媒体打造出各种提升用户参与感的游戏环节，来实现企业与用户、用户与用户的互动交流，传递品牌信息和品牌文化，进一步提高的品牌认知度。

④ 与线下场景结合，强化用户体验。随着体验经济时代的来临，用户除了关注产品功能外，更加重视产品和服务的消费过程，渴望消费能给自己带来的独特体验。以小米手机为例，小米在线上线下都开展了各种能提升"米粉"参与感的活动，如小米论坛的小米手机摄影大赛、"米粉"爱自拍等，这些小米为用户打造的丰富多彩的社群活动，获得了小米用户的积极响应。这些活动给了用户展示自己的才华、获得群体认同的机会，使用户获得了独特的体验。

### ⇄ 课堂讨论

观察现实生活中的社群案例，结合本小节提到的社群营销策略，尝试总结并分析你了解到的社群营销案例及社群运营方法。

### 📖 案例分析　　　"鸟蛋"智能骑行伴侣，骑友运动社交新方式

社群营销作为新兴的营销方式，与粉丝营销有一定的相似之处，也有不同之处。粉丝营销好比在大海中捞鱼，而社群营销好比在池塘中捞鱼，两者的会员数量级及运营方式均存在差异。2015年7月，一个名叫"鸟蛋"的智能骑行产品在短短20多分钟内卖出了10 000件，创造了京东众筹新纪录。这个纪录的实现，依靠的就是社群营销。"鸟蛋"是一个安装在自行车上的智能硬件设备，类似于手环。该项目的创建人老刘是一名资深社群参与人员，也是一位自行车骑行爱好者。作为社群活跃分子，老刘属于产品高敏感人群。

在"鸟蛋"众筹之前，菜鸟团队就已经拥有100名"黄金蛋主"、1 000名"白银蛋主"、365名"罗友蛋主"及众多"鸟粉"。这些人在菜鸟团队产品测试阶段就给予了大力支持，提供了很多宝贵意见。菜鸟团队CEO于锋表示，"鸟蛋"以硬件为入口，聚集热爱骑行的骑友形成骑行垂直社区，构建全新骑行生态，最终让人们的出行更加便捷，让科技真正融入人们的生活。"鸟蛋"这次在京东众筹上的惊艳亮相，仅仅是一个开始。7月27日是"骑"遇日，在这天，我们还将和互联网知识社群罗辑思维携手，完成一次全国罗辑思维朋友圈的线下大连接，欢迎社会各界关注我们菜鸟的成长。

社群营销脱胎于粉丝营销，但是社群营销的直接对象数量有限，甚至有些社群营销只是面对一个群的成员（一个微信群最多500人，一个QQ群最多2 000人），因此社群营销需要更高的销售概率和用户忠诚度。

### 5.2.4　二维码营销

#### 1．二维码营销的概念

二维条码/二维码是用某种特定的几何图形按一定规律在平面（二维方向上）分布的黑白相间记录数据符号信息的图形。在代码编制上，它巧妙地利用构成计算机内部逻辑基础的"0""1"比特流的概念，使用若干个与二进制相对应的几何图形来表示文字数值信息，通过图像输入设备或光电扫描设备自动识读，以实现信息的自动化处理。它具有条码技术的一些特性：每种码制有其特定的字符集；每个字符占有一定的宽度；具有一定的校验功能；具有对不同行的信息进行自动识别及处理图形旋转变化点的功能。

二维码营销是指通过二维码的传播，引导用户扫描二维码，获取产品资讯、商家推广活动信息，并刺激用户进行购买的新型营销方式。

#### 2．二维码营销的应用

（1）精准营销

与传统媒体广告相比，二维码广告不仅可以突破时间和空间的限制，而且能够利用手机精确地跟踪和分析每个访问者的数据，为企业的广告投放提供参考，真正实现精准营销。二维码广告由用户主动扫描，广告主可以直接与用户接触，直接面对消费终端，因此可以直接获取第一手消费数据。通过跟踪每笔交易，企业可以建立稳定的忠实用户群，针对忠实用户推出特定的增值服务，巩固目标用户。

（2）数据库营销

在精准营销的基础上，二维码广告商可以建立用户数据库，进行数据库营销；反过来，数据库又可以更好地为精准营销服务。对于数据库中的各种原始数据，企业可以利用数据挖掘技术和智能分析技术从中发现赢利机会。通过及时的营销效果反馈，企业也可以及时地进行广告营销调整。

（3）跨媒体整合营销

二维码广告是传统媒体广告与新媒体广告的结合体，可以刊载于报纸、杂志、海报、公交站牌等，通过手机扫描即可查看，平面媒体因此"动"起来了。二维码广告以二维码为介质，可以将平面媒体、手机媒体和网络媒体整合起来，多维度加深用户的品牌印象，形成综合品牌形象。在此基础上，二维码广告可以"量体裁衣"，最大限度地满足用户需求。二维码广告是一种成功的"跨界"广告，综合了多种形式的媒体的优势。可以想象，未来二维码广告可以实现从"跨界"到"无界"的跳跃，实现跨媒体整合营销效果的最大化。

> ⤭ 课堂讨论
>
> 回忆日常生活中看到的二维码投放场景，尝试总结二维码投放渠道。

## 5.2.5 LBS营销

### 1. LBS营销简介

LBS是通过电信移动运营商的无线电通信网络（如GSM网、CDMA网等）或外部定位方式（如GPS等）获取移动终端用户的位置信息（地理坐标或大地坐标），在地理信息系统（Geographic Information System，GIS）平台的支持下为用户提供相应服务的一种增值业务。

LBS营销是企业借助互联网或无线网络，在固定用户或移动用户之间完成定位和提供服务的一种营销方式。这种方式可以让目标用户更加深刻地了解企业的产品和服务，最终达到宣传企业品牌、提高市场认知度的目的。LBS营销概念图如图5-12所示。

图5-12 LBS营销概念图

### 2. LBS营销的应用

我国基于LBS的移动电子商务营销从2010年开始，经过多年的发展，目前已经进入快速增长期。LBS 通过不断强化定位和服务两大功能，逐步与移动互联网的各种商业模式结合，成为各种应用的基础服务。现对基于LBS的移动电子商务营销领域进行系统梳理和归纳，我们将基于LBS的移动电子商务营销模式分为基于LBS的签到营销模式、基于LBS的生活服务模式、基于LBS的社交营销模式及基于LBS的商业营销模式4种类型，如表5-2所示。

表5-2 基于LBS的移动电子商务营销模式分类

| 类型 | 特点 | 应用实例 |
| --- | --- | --- |
| 基于LBS的签到营销模式 | 签到 | 玩转四方、开开点评、街旁等 |
| 基于LBS的生活服务模式 | 生活服务信息查询与推送、各类优惠活动 | 百度地图等 |
| 基于LBS的社交营销模式 | 基于地点交友、以地理位置为基础的小型社区 | 以微信、微博为代表的社交应用 |
| 基于LBS的商业营销模式 | 根据位置进行商业信息、优惠活动推送 | 去哪儿旅行等 |

（1）基于LBS的签到营销模式

用户在LBS平台上签到，通过分享个人位置、相片和个人状态实现社交互动，获得积分、勋章和优惠券等奖励。目前，美国主流LBS平台的签到数据显示，用户的签到率不高，不足20%，80%的用户不使用签到服务。用户签到率低的主要原因是没有签到动力及保护个人隐私。经常使用签到服务的用户的动机基本来自折扣奖励，特别是餐饮行业（如餐馆、咖啡厅、酒吧等）的折扣奖励。

（2）基于LBS的生活服务模式

LBS+手机地图：基于LBS的手机地图应用是目前最具代表性的生活服务模式之一。手机地图应用最常用的功能包括地点查找、路线导航和定位。

LBS+O2O：将位置服务与生活服务紧密结合，在生活服务方面具有广阔的应用空间。以去哪儿旅行为代表的旅游行业等，形成了LBS+O2O商业模式发展的主要动力集群。

（3）基于LBS的社交营销模式

LBSNS（移动定位社交服务）是LBS和SNS的结合，LBS负责提供信息，SNS负责满足用户需求，将二者结合起来，实现了技术服务与社交功能的有机组合。国内的互联网企业（如腾讯、微博等）纷纷推出基于LBS功能的手机端应用，其中最热门的应用当数腾讯推出的微信。微信基于庞大的用户群体及较高的用户忠诚度可开展形式多样的营销活动，微信营销、微信公众平台、微信支付以及微信会员卡等，都是微信进军电子商务领域的主要手段。

（4）基于LBS的商业营销模式

基于LBS的商业营销模式以商业信息和广告推送为主。目前较为常见的商业模式是基于LBS的定位功能，它根据用户的喜好实现精准投递，为用户推送所在位置周边的购物、餐饮、休闲娱乐活动等信息。目前比较成功的营销模式是通过基于LBS的商业营销活动加强商家和用户的联系，并给双方带来实际利益。

**✗ 课堂讨论**

举例说明LBS营销的商业价值。（提示：可从区域商家联盟等角度阐述。）

## 5.2.6 H5营销

### 1. H5营销简介

H5是HTML5的简称，是一种制作万维网页面的标准计算机语言。H5营销利用H5技术，在页面上融入文字动效、音频、视频、图表、互动调查等各种媒体表现方式，精心梳理品牌核心观点，突出重点，以使页面形式更加适合阅读、展示、互动，方便用户获取信息及分享。

正是因为具备了这样的营销优势，H5技术的运用不但为移动互联网行业的高速发展带来了新的契机，也为移动互联网营销开辟了新渠道。图5-13所示为H5营销示例。

图5-13 H5营销示例

## 2．H5营销应用技巧

① 主题：要有创意、新鲜感，多原创。

② 内容：要做优质内容，创建具有分享价值的内容，再由微信"达人"（如好友多的个人号、自媒体号或具有某种行业特征的个人号等）进行分享。

③ 传播：要集中传播，H5上线的前5天是黄金传播期。

④ 形式：展示内容时，尽量把信息视觉化。

## 3．H5营销策略

（1）在创意和内容上追新求异

一次让人眼前一亮的H5营销一定能制造话题。创意要结合品牌特性，达到视、听创新；内容要做到有趣、好玩、实用、有价值。另外，H5营销还需紧跟热点，利用话题效应，只有这样才能抓住用户的眼球，促使用户进行分享、传播，达到营销效果。

（2）深挖H5的价值点

好的H5内容一定具备打动用户的价值点，尤其是功能型H5内容，需要根据品牌自身的形象定位以及受众的特性进行设计，要将品牌或产品的功能性特征抽象到生活方式或精神追求的层次，只有这样才能与用户产生共鸣。

（3）从技术上寻求突破

要想让H5营销脱颖而出，其核心应用技术也必须"高大上"，必须大胆应用其多媒体特性，加入三维图形及3D特效等，而不是仅应用触摸、滑动等简单操作。

（4）多渠道推广

充分调动身边任何可以利用的渠道资源，进行多种形式的推广，例如通过微信公众号进行图文群发推广、微信群推广、线上线下二维码推广及KOL转发和投稿等形式。另外，策划开展多样的线上线下活动也可促进用户形成品牌倾向性。

⤬ **课堂讨论**

目前，H5 页面的制作工具有哪些？它们在 H5 营销方式上有何共性和特色？

### 5.2.7 移动广告

移动广告是通过移动设备（如智能手机、PSP、便携式计算机等）访问移动应用或移动网页时显示的广告，其形式包括图片、文字、插播广告、H5、链接、视频、重力感应广告等。移动广告大多通过移动广告平台进行投放，和互联网的广告联盟相似。

移动广告平台的运营模式如图5-14所示。在该模式中，开发者提供应用，广告主和广告代理商提供广告。

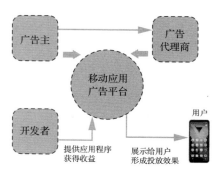

图5-14　移动广告平台的运营模式

⤬ **课堂讨论**

选择一个移动广告平台，结合移动广告的运营模式，解析其广告投放流程。

移动广告按照不同维度可以分成不同的类别，目前大致可以分为图片类移动广告、富媒体类移动广告、视频类移动广告、积分墙移动广告以及原生移动广告等，不同类别的移动广告的效果也不同。

#### 1. 图片类移动广告

图片类移动广告目前最为普遍，它能够在短时间内抓住用户的眼球。图片类移动广告的形式主要有3种。

① Banner广告。Banner广告又称横幅广告，可以是GIF格式的图像文件，也可以是静态图形。这种广告形式多在App的底部或者顶部出现，尺寸较小，对用户的干扰也较小。Banner广告示例如图5-15所示。

② 插屏广告。相较于Banner广告，插屏广告图片丰富绚丽，并能够充分展现其应用特点，一般

会在应用开启、暂停、退出时以半屏或全屏的形式弹出，展示时巧妙地避开了对用户正常体验的干扰。插屏广告因点击率高、转化效果好，深受广告主的喜爱，而极具优势的广告单价也让插屏广告的开发者获益匪浅。插屏广告示例如图5-16所示。

③ 全屏广告。它是在用户打开App时以全屏方式出现3～5秒的广告，可以是静态的页面，也可以是动态的Flash效果。对于广告主来说，全屏广告是一种广告效果最大化的广告形式，在广告发布页面里，它基本上可以做到脱颖而出。

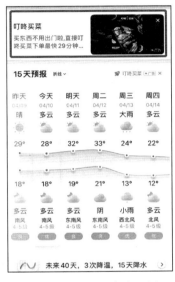

图5-15　Banner广告示例

图5-16　插屏广告示例

### 2. 富媒体类移动广告

富媒体类移动广告目前尚没有统一的行业标准，每个企业都有自己的一套分类方法。它利用富媒体技术使大多数广告文件（如视频广告、Flash广告等）能在大流量的门户网站上流畅地播放，且具有网络强互动优势，从而达到强曝光、高点击的效果。

### 3. 视频类移动广告

视频类移动广告是指在移动设备内插播视频的广告形式，分为传统贴片广告和In-App视频类移动广告。视频类移动广告主要应用于各种移动应用，如电子书、手游、工具类软件等，以及一些移动设备上的视频播放器。一般在手机应用启动的时候，手机屏幕上会出现精美的加载页面、视频广告以及加载进度条。此模式与传统互联网视频，如优酷、新浪等相类似，较符合用户的习惯。

### 4. 积分墙移动广告

积分墙是第三方移动广告平台提供给应用开发者的另一种新型移动广告赢利模式。积分墙是在一个应用内展示各种积分任务（如下载并安装推荐的优质应用、注册、填表等），以供用户完成任务并获得积分的页面。用户在嵌入积分墙的应用内完成任务，该应用的开发者就能得到相应的收入。"热门应用""精品推荐"等通常为积分墙入口，用户点击进入，便可看到推荐的产品。

#### 5. 原生移动广告

原生移动广告是移动广告中最新的表现形式之一。国内外原生移动广告发展还处于萌芽阶段，原生移动广告还没有一个精确的定义，基本上可以这样理解：它是一种让广告作为内容的一部分植入实际页面设计中的广告形式，是以提升用户体验为目的的特定商业模式。其主要表现为广告内容化以及力求实现广告主营销效果、媒体商业化、用户体验三方共赢。这种原生移动广告或将成为未来移动应用的主流广告模式之一。

# 5.3 移动营销的主要工具

## 5.3.1 抖音营销

抖音营销的根本目标在于结合短视频特点、抖音平台流量优势等使广告主投放的广告在短时间内获得大量的曝光，即获得高点击率，以此将点击率转化为品牌的推广效果、产品的销量等。

抖音营销的关键在于保证所投放的广告内容有效吸引受众。这就需要广告主除了在广告创意上下足功夫，还需要抓准受众的心理、需求等。

### 1. 基于"用户画像+开屏广告"的精准营销模式

用户画像可以帮助品牌快速定位目标群体，保证广告方案的设计与实施符合目标群体的心理、审美、需求等。当前，抖音用户规模庞大，并且处于不同的年龄阶段、从事不同的职业等，其对产品与服务的需求势必会存在巨大的差异。因此抖音营销一定要基于"用户画像"找准目标群体，以此策划营销方案。

开屏广告是抖音广告的推送形式之一，其在展示广告内容方面具有竖屏全新视觉体验、支持多种广告样式、账号关联聚粉、传播与分享方式灵活等优势。用户打开抖音App后便可在第一时间接收到开屏广告。开屏广告能迅速抓住用户眼球的特点也使其成为众多广告主心目中的"黄金广告位"。

### 2. 基于"品牌形象+发起挑战"的参与营销模式

从当前抖音平台上受到用户青睐的短视频广告来看，其具有两大共性：其一为品牌形象的"人格化"，即以人物处境的方式讲品牌、讲产品，相对于与冰冷、无生命的品牌进行对话，用户更加愿意关注"活生生的人"，并成为其"粉丝"；其二为品牌形象的"故事化"，无论是使用VR技术的情境式营销，还是从使用者角度解读自身使用产品的体验、讲述品牌/产品带给自己的改变等都是以故事化形式解读品牌形象的有效途径。因此，抖音营销通过故事、场景及人物立体化、生动化地展示品牌形象。

"发起挑战"是抖音平台的一大特色，更是短视频广告营销的主要阵地。它支持用户通过多种渠道参与"挑战活动"，在此过程中便包含着多种广告营销契机。"挑战活动"不仅能够为品牌带来更多流量，也能在用户心目中形成具有亲和力、感染力的品牌形象。

**课堂讨论**

选择你感兴趣的某一品牌，结合本小节内容，分析这一品牌如何在抖音上"发起挑战"。

**案例分析　　　　　抖音营销案例实践**

雅诗兰黛集团旗下的 M·A·C 在基于"用户画像＋开屏广告"的精准营销模式的构建上进行了有益的尝试。其与抖音合作推出的"动态唇妆日记"开屏广告更是实现了高达12.03%的点击率。此抖音营销模式之所以能取得如此显著的成就，部分得益于抖音自身所具备的"用户画像"功能。数据显示，截至 2020 年 3 月，抖音平台女性用户占比为 57%，其中 51.4% 的女性用户的线上消费能力为 200 ～ 1 000 元。不仅如此，抖音用户以年龄为 19 ～ 35 岁的女性用户居多，与美妆行业有着很高的契合度。这一吸引了大批女性用户的短视频平台为 M·A·C 品牌信息的传播提供了更为优质的载体及更为丰富的机会。从"动态唇妆日记"的广告形式来看，其借助开屏广告的优势打造了一场视觉盛宴，选择唇部特点明显的名人作为产品代言人，加之对独立女性魅力的彰显，使其在短时间内便获得较大的曝光量。

## 5.3.2　微信营销

微信营销是网络经济时代企业营销的一种新模式，是伴随着微信的火热而兴起的。微信营销不存在距离的限制，用户注册微信后，可与同样注册过微信的"朋友"形成一种联系，用户可订阅自己所需要的信息，商家可通过提供用户所需要的信息推广自己的产品，从而实现点对点的营销。

基于腾讯优良的产品基因，以及拥有数亿个忠实用户，微信本身就在不断地试验和扩张自身的功能属性，微信公众平台正式上线后几乎囊括了移动营销的所有功能。微信营销可以分为以下几种模式。

### 1　广告式营销

微信用户通过查看"附近的人"功能，可以观察和了解附近同样使用微信的用户。商家可以利用"个性签名"这个免费的广告位为自己做宣传，附近的微信用户可能会看到商家的信息。例如，营销人员身处人流密集地区，点击"附近的人"，并利用"个性签名"做宣传。随着手机用户数量的增加，看到广告的人数自然会变多，"个性签名"顺理成章地成了"黄金广告位"。

### 2　随机互动式营销

商家可以利用微信的随机互动功能对产品进行推广，这种方式与电视广告和街头广告相比，有着更大的实用性，能在降低成本的同时提高用户接收广告的效率。例如，微信的"摇一摇"可以作为营销工具，可帮助商家开展微信"吸粉"、推送促销优惠卡券等营销活动，如图5-17所示。

图5-17　微信营销功能

### 3. 朋友圈、微信公众号营销

微信营销主要是朋友圈和微信公众号的营销。朋友圈可以说是现在很多人每天必"刷"的地方，人们"刷"朋友圈的频率比"刷"微博的频率高不少，而微信公众号是微信营销的另一个战场，如图5-18所示。

图5-18　微信朋友圈、微信公众号图文

### 4. 微信站内付费推广

微信公众号的推广功能包含广告主和流量主两种方式。广告主针对企业，企业付费后才能使用。企业申请成为广告主后，可向不同性别、年龄、地区的微信用户精准推广自己的服务，获得潜在用户。流量主针对用户，用户可以此赚取一定的广告费。微信公众号运营者可以将自己的微信公众号的指定位置分享给广告主做广告展示，根据广告点击结果向广告主收取费用。

微信站内付费推广主要在朋友圈、微信公众平台进行广告投放，前者以类似朋友圈的原创内容形式展现，是可互动传播的原生广告；后者提供多种广告形式，可精准定制。所以，用户在阅读微信公众号的文章时，经常会在底部看到一条为微信公众号、应用、活动等做推广的广告（见图5-19），这是通过微信公众号的推广功能实现的。

图5-19 微信站内付费推广形式

### 5. O2O模式营销

企业二维码的应用越来越普遍，微信的运作也逐渐符合和顺应商业活动的发展趋势。用户通过扫描企业二维码，可以方便地获取企业的优惠信息、会员折扣及产品宣传等信息。企业可以通过引导用户关注、点赞，向用户送优惠等方式，维系和发展与用户之间的长期关系。关注企业微信公众号的用户就可以接收这些信息，这能进一步提高企业的影响力。

---

**课堂讨论**

你所看到的微信朋友圈广告投放方式有哪些？试分析微信营销与微博营销的不同点。

## 5.3.3 淘宝直播营销

数字经济不断推动消费升级，粉丝经济实现了消费升级和社会观念的改变，商家借助社交平台吸引产聚集粉丝，通过淘宝直播给粉丝提供多样化、个性化的产品和服务，最终促进消费，实现盈利。淘宝直播的主要营销模式有以下几种。

### 1. 打造以主播为核心的品牌营销

在互联网时代，名人的加入使得淘宝直播粉丝抢夺大赛日益剑拔弩张。要想打造Top级主播，商家需要通过社交平台吸引流量、通过具有热度的话题提高知名度以及通过打造专业团队保持活跃度。但想要保证粉丝的活跃度以及促进粉丝购买，商家就必须依靠对粉丝相关信息进行数据分析这一基础，判断并掌握粉丝心理需求及行为模式；时刻跟踪市场，找寻并适时创造需求；找准主播的定位并以主播为核心打造品牌的营销策略。

具体到每一场直播的前期策划时，商家要结合主播的定位及其粉丝的定位挑选品牌及产品、确定直播的主题、草拟直播脚本，这样才能更好地利用主播的定位以及品牌效应感染粉丝并成功提高订单成交量；同时还要实时掌握主播的相关数据，每场直播后要复盘，不断精确主播的定位并分析粉丝的消费数据，进而优化活动及营销方案，确定并实施以主播为核心的品牌营销。

### 2. 线上线下多平台联动的整合营销

线上线下多平台联动的整合营销可以通过整合运用多种网络营销手段将线上电商直播平台的营销效果最大化，也可以通过线上线下联动的方式提升直播营销效果。在淘宝直播中，微博、微信、抖音、小红书等社交平台发挥了极其重要的作用，无论是在直播前的宣传还是在直播后的维护方面，都能够与淘宝直播相辅相成。在日常的粉丝黏性维持方面，社交平台也起着举足轻重的作用。

以某主播为例，在每场直播前，他都会利用微信公众号进行预告；在大型直播活动后，也会发布抽奖活动以提高黏性。微博作为日常互动的平台经常用于发起投票、转发抽奖等，以吸引流量并维持粉丝活跃度。除此之外，该主播经常参加品牌剪彩、品牌活动现场直播等线下活动，以提高自身的知名度及影响力。线上线下多平台联动的整合营销能够通过各种营销方式的组合达到"1+1＞2"的效果，从而吸引更多的粉丝。

### 3. 满足粉丝心理需求的场景营销

网络用户不断年轻化，当代社会的信息交流也趋于视觉化，网络直播相较于其他网络营销方式的优势在于实时性、交互性的视觉呈现，因此实时性、场景化是网络直播相较于其他网络营销方式最显著的特征，商家需要依据其特征并结合粉丝的心理需求搭建场景营销。

例如，某淘宝直播的主播的粉丝群体多为女性，因此他的直播间的场景多为满足女性心理需求而建构，如口红墙、宠物等；主播也经常站在女性的角度与粉丝进行对话，这样能够拉近他们之间的距离。在主播搭建的场景中与主播进行互动，粉丝不仅能够在视听感官上感受到刺激，还能得到心理上的满足；而这种刺激，在一定程度上能够满足生活在信息爆炸时代的粉丝快速获得信息的需求。

 课堂讨论

结合具体案例，总结淘宝直播的优势。

### 5.3.4 小红书营销

小红书创始于2013年，目前已成为我国规模最大的生活分享社区。截至2020年6月，小红书月度活跃用户已超过1亿人，其中70%为"90后"。小红书借助4 300万名分享者，形成了平台独有的B2K2C模式。小红书不仅成为年轻人的生活方式平台和消费决策入口，也成为"爆款"产品和未来品牌的孵化器。在小红书上，用户可将自己的产品体验、生活方式等信息通过视频、文字等方式进行分享，平台再对用户分享的内容进行精准、高效的匹配与营销，形成UGC闭环。小红书闭合循环模式如图5-20所示。

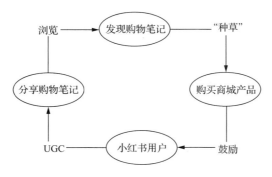

图5-20 小红书闭合循环模式

小红书的"爆款"打造主要在于内容营销和KOL的匹配。小红书通过精准的KOL选择、高质量的笔记内容、海量小红书"达人"资源等方式为广告主提供广告投放策略，以其自有的智能营销平台，依托智能算法优化成本，实现智能投放。

#### 1. 联动霸屏

通过大数据分析、目标人群画像及同行竞品关键词数据来构思并发起话题，接下来邀请多位KOL一起发"种草"笔记，吸引更多KOL参与进来，形成独特的UGC氛围。让KOL与粉丝进行互动，借助粉丝的力量来扩大话题影响，再利用小红书的内容推荐机制将话题推至热门，实现联动霸屏后，将品牌产品购买链接植入KOL种草笔记中以进一步提高购买率，这样也可以让品牌快速在小红书中曝光。

#### 2. 名人+KOL扩散

名人推荐是小红书的一大特点，而且名人缩写的小红书推荐笔记并没有太多商业气息，更多的是个人化的推荐。这些产品通过名人的图文、视频等形式的笔记推荐出来，提高了用户对产品的信任度，可以转化为直接购买力。

小红书与其他电子商务平台的不同之处在于，它建立的是一个以UGC为主的内容分享社区，其中拥有大量的粉丝和持久的粉丝关注的就是KOL，他们拥有强大的话语权和影响力。利用小红书KOL强大的话语权和影响力，把品牌产品形象植入粉丝印象中，同时使品牌在小红书平台中获得可观的热度和搜索量，可极大地提高品牌的曝光量和转化率。

### 3. 名人"种草"引导消费

在移动互联网时代，用户的关注点越来越细化，越来越多的人热衷于KOL引导式消费，共享消费偏好与消费信任。

用户阅读KOL发布的测评笔记，并通过评论、私信等方式相互交流，建立起一种网状的社交关系，用户与KOL之间和用户与用户之间等都有了联系，进而触发了广泛的"网红经济"。

小红书运用这三大策略为品牌营造良好口碑，为品牌实现大量曝光，在提高品牌知名度的同时树立起品牌的独特形象，为品牌带来更高的转化率。

---

📖 **案例分析**      **小红书"暖春樱花季"IP营销**

2021年4月20日，小红书"暖春樱花季"大型主题活动落下帷幕。在过去的一个多月里，小红书发起"樱花CityWalk""暖心手绘樱花""春日樱花限定"活动，号召用户打卡樱花季，得到用户的积极参与和高度评价。

为了满足用户赏樱的需求，小红书此次发布了包括武汉、青岛、南京、无锡、杭州等十大城市的著名赏樱点，并为用户献上了详细的出行、拍照等攻略，鼓励用户结合"樱花滤镜"发布赏樱笔记，引发大量用户点赞、收藏。

与此同时，小红书发起"暖心手绘樱花"活动，向用户提供钢笔、油画、水彩等手绘樱花教程，引导用户发表手绘樱花笔记，展示不一样的樱花之美。

这一活动也是2020年小红书站内"我为武汉画樱花"活动的升级版。2020年樱花季，小红书发起了"我为武汉画樱花"的活动，水彩画、油画等轮番上阵，用户发布笔记超过20万条。

今年，小红书在武汉、上海两地K11艺术中心打造了"手绘樱花展"，将站内30多位博主的手绘樱花作品在线下展出，多位小红书博主现场打卡，使展览地成为一处热门打卡地。

在此次"暖春樱花季"主题活动中，资生堂与小红书进行定制合作，资生堂旗下樱花限定产品实现了与"暖春樱花季"IP的巧妙融合，如图5-21所示。用户发表樱花季话题笔记后，就有机会获得由品牌提供的奖品，参与樱花主题线下打卡也有机会获得樱花主题伴手礼。这不仅使相关产品实现了内容"种草"，也进一步提高了品牌营销效率，得到了品牌方的高度认可。

图5-21　小红书"暖春樱花季"

### 5.3.5 App营销

App营销是客户端应用程序营销，它是企业利用移动互联网，在第三方应用平台发布应用程序，吸引用户下载使用，以此进行发布产品、宣传活动或服务、提供品牌信息等一系列营销活动的营销方式。App营销的主要策略有以下几个。

#### 1. 广告植入

在众多的功能性应用和游戏应用中植入广告是最基本的模式。广告主通过植入动态广告栏的形式进行广告植入，用户只要点击广告栏，就会进入网站链接，了解广告详情或者参与活动。这种模式操作简单，只要将广告投放到那些下载量比较大的应用上，就能达到良好的传播效果。广告植入示例如图5-22所示。

图5-22 广告植入示例

#### 2. 开发品牌应用

企业根据自己的用户定位研发手机应用，以达到营销目标。企业可以用兼具趣味和创意的内容与品牌或产品的核心概念相融合，反映产品主旨或品牌理念，让用户在使用App的过程中自然而然地了解产品和品牌信息，在娱乐或获取价值的同时对品牌形成一定的黏性，从而提升品牌的亲和力，树立品牌的良好口碑。图5-23所示为叮咚买菜App页面。

#### 3. 借助社交网络等实现整合营销

借助微信等社交网络传播的广泛性，顺应App营销的多元化发展趋势，整合其他营销手段和多种技术，带给用户突破性的体验。延伸移动营销的价值是企业进行App营销的有效手段。企业App营销可以与传统广告、视频营销、店面促销、事件营销等独立营销方式进行整合，形成整体协同效应，最大化营销效果。而LBS、手机身份识别、AR、重力感应、陀螺仪等新技术的不断出现，让App营销可以通过与多种技术整合，拥有很多其他营销方式不能实现的技术特征，吸引用户的眼球。

图5-23 叮咚买菜App页面

### 4. 与LBS相结合开展本地营销

LBS是通过定位方式获取移动终端用户的位置信息，为用户提供相应服务的一种增值业务。LBS营销就是企业借助无线网络，在移动用户之间完成定位和服务销售的一种营销方式。这种方式可以让目标用户更加深刻地了解企业的产品和服务，最终达到宣传企业品牌、提高市场认知度的目的。图5-24所示为基于LBS的本地营销。

图5-24 基于LBS的本地营销

课堂讨论

请选择一款手机 App，试分析此 App 的营销策略属于哪一种。

## 5.3.6 其他营销工具

### 1. 微博营销

微博营销是指通过微博为企业、个人等创造价值而采用的一种营销方式，也指企业或个人通过微博发现并满足用户的各类需求的商业行为。微博营销以微博作为营销平台，每一个用户（粉丝）都是潜在的营销对象，企业通过更新自己的微博向用户传播企业信息、产品信息，树立良好的企业形象和产品形象。企业或个人每天更新内容或者用户大家感兴趣的话题，就可以跟用户交流互动，以此达到营销的目的，这样的方式就是微博营销。

微博营销的表现形式如下。

（1）微博内容营销

企业/品牌通过其微博官方账号发布广告信息。广告内容以博文形式出现在移动端和PC端的信息流内，通过文字、链接、图片、视频等多种形式的创意搭配，来达到App下载、活动推广、店铺引流、品牌宣传等目的。企业或个人通常要按照点击次数等指标付费，这种内容营销的广告方式会带有明显的"广告"字样。企业或个人可以在线互动或发送分享信息，也可以在线设置一些转发抽奖活动，提高微博粉丝的活跃度，如图5-25所示。

图5-25 微博内容营销

（2）应用推广

应用推广根据微博内容进行匹配，出现在博文正文下方，推广形式更加精准、原生，能快速获取精准用户，用户点击"下载"可直接下载安装该应用，如图5-26所示。

（3）账号推广

账号推广通过粉丝社交关系将账号推送给潜在粉丝，配合粉丝服务平台，在用户关注账号后向其推送私信，轻松打造社交闭环，快速积累优质粉丝，如图5-27所示。

图5-26　应用推广　　　　　　　　　　图5-27　账号推广

（4）其他形式

信息流以大Card形式出现，可置顶展示视频、图片或活动。与用户有关注关系的信息，置顶在第1位展示；与用户没有关注关系的信息，在第2位展示。广告可以是一条微博，以多图+标签的展现形式融合在目标用户的信息流中，用户点击图中的标签可直接下载，从而可大幅提升广告效果，如图5-28所示。

图5-28　大Card形式展示

课堂讨论

注册并登录微博，总结你所看到的微博营销方式，并结合本部分内容举例说明。

### 2. 知乎营销

知乎是一个网络问答社区，连接着各行各业的用户。用户们分享着彼此的经验、知识和见解，提供了大量的知识。确切地说，知乎更像是一个论坛，一个大容量的信息交流平台。对于概念性的问题，百度百科可以帮助解答一些疑问；但是对于发散性思维的整合，知乎更具特色。知乎的营销模式主要有以下5种。

（1）话题回答置顶

在某一领域关注度比较高的话题下做高质量的跟帖回复，然后通过知乎推广维护将回答置顶，获得更多的曝光，对企业品牌的口碑推广大有裨益。这说明，企业做知乎推广需要有高质量的文案，低质量的回答内容是难以登上第一位的，所以很多企业虽然在做知乎推广，但是效果不太理想。此外，企业在做知乎推广时，要想让自己的回答登上第一位，还要结合知乎自身的一些排序规则进行处理，根据具体话题来统筹规划执行方案。

（2）知乎热榜

通过知乎策划全新的"爆点"话题或者营销事件，通过这个话题/事件吸引用户的关注，从而达到营销效果，可以让品牌在短时间内获得大量的曝光。这就类似于事件营销，关键点在于提高话题热度，与品牌的诉求完美结合，其实际执行时难度偏大。

（3）KOL推广

知乎里有很多"大牛"，拥有大量的粉丝，所以他们发声会对大量用户产生影响，他们一般称为"大V"。企业在知乎中找到适合自己的"大V"，通过权重高、粉丝多的"大V"推广，能迅速提升企业在知乎关联人群中的认知度和认可度。

（4）稀释反面话题

很多时候，知乎信息流广告存在一些关于品牌的内容，而有些内容并不利于企业的品牌形象，这时候企业可以采取应对机制，除了删去这些内容之外，还可以通过正面内容的覆盖稀释反面话题，让其影响变小。

（5）问答口碑建设

知乎最常见的推广方式是问答口碑建设，通过问答的形式为企业品牌或产品进行口碑建设或网络推广。一方面，知乎的权重比较高，能够在各大搜索上占据显眼的位置；另一方面，知乎覆盖主流的互联网群体，是一个单独的互联网生态系统，比较适合做品牌口碑建设方面的推广。

课堂讨论

查找2～3个知乎营销的成功案例，分析并总结知乎营销有哪些要点。

**素养拓展**　　　　　**"直播＋电商"助力乡村振兴战略**

2020年，"无接触购物"的需求促进电子商务产业进一步发展。例如，2020年4月，在商务部电子商务司的支持下，湖北省与抖音联合发起"湖北重启 抖来助力——抖音援鄂复苏计划"，13个地级市市长、各县市人民政府领导带头直播"带货"，抖音投入了百亿流量、发起超百场直播，为湖北省企业、经济、社会复苏提供了新路径、新选择。

同样，以"互联网＋"为依托的"直播＋电商"是实现乡村振兴的抓手，可夯实农业生产能力、加快农业转型升级、提高农产品质量安全、强化农业科技支撑、推动农村产业深度融合。

在直播电商时代，直播和电商两种手段加大了乡村产业的曝光和传播力度，让世界各地的网民都能轻松了解乡村的各类特色产业，极大地加深了网民对乡村优势产业的了解，增强了农民对乡村优势产业的变现能力。

其中，电商可直接把产业链中的农产品、服务等搬到网店，从线下走向线上，从服务本地到服务全世界。直播有着极强的互动性、体验性、真实性，相对于电商来讲，直播业态的出现极大地弥补了电商"能下不能上"的劣势，突破了电商的流量瓶颈，直观展现了农产品的优势、特色和生长环境，加大了农产品的曝光和传播力度。

农业电商具有广阔的发展前景，对乡村振兴意义重大。各级人民政府应因势利导，积极统筹规划产业发展，建立利益共享机制。各级人民政府应保证下乡的产业项目有利可图，留得住、发展好，同时能创造更多的就业机会，让农民受益，还能让集体增收，促进地方经济社会快速发展，实现多方共赢。各级人民政府应以MCN机构、农业产业链公司等作为市场的推手和"加速器"，以"直播＋电商"的新模式带动农产品或服务销售、带领农民、指导农民、培育农民，助力乡村振兴。

# 第6章

## 移动支付

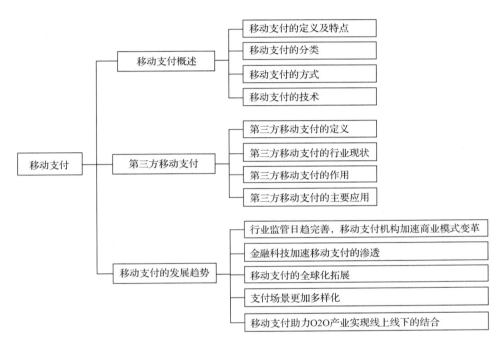

知识结构图 ↓

移动支付
- 移动支付概述
  - 移动支付的定义及特点
  - 移动支付的分类
  - 移动支付的方式
  - 移动支付的技术
- 第三方移动支付
  - 第三方移动支付的定义
  - 第三方移动支付的行业现状
  - 第三方移动支付的作用
  - 第三方移动支付的主要应用
- 移动支付的发展趋势
  - 行业监管日趋完善，移动支付机构加速商业模式变革
  - 金融科技加速移动支付的渗透
  - 移动支付的全球化拓展
  - 支付场景更加多样化
  - 移动支付助力O2O产业实现线上线下的结合

学习目标 ↓

- 了解移动支付的定义、特点、分类、方式、技术。
- 了解第三方移动支付的定义、行业现状。
- 了解第三方移动支付的主要应用。
- 了解移动支付的发展趋势。

扫一扫

学思融合

素养目标 ↓

- 学习我国移动支付发展的故事，增强"四个自信"。

 导入案例　　　　　**Huawei Pay 提供支付新体验**

Huawei Pay 是华为终端通过不断的积累和强化升级，在国内推出的首个基于 NFC 芯片的便捷移动支付工具。Huawei Pay 集成于华为钱包 App 中，通过生物识别 + 芯片 +NFC 的全栈技术解决方案，为华为终端用户提供安全的支付新体验。Huawei Pay 于 2016 年 8 月 31 日在国内正式发布。

Huawei Pay 践行"让您的支付安全又便捷"的服务理念，与金融、公共交通等相关领域机构紧密合作，为用户提供更加便捷、安全的支付体验和出行体验。

为了培养用户黏性，Huawei Pay 拓展了各种使用场景。目前，Huawei Pay 支持如下功能：在手机中绑定银行卡，线下可通过手机闪付、付款码完成支付，线上支持在 200 多个应用内进行消费；在手机中开通零钱卡，支持线上、线下消费；使用时，无须联网、无须解锁屏幕、无须打开华为钱包 App，将手机靠近感应区域，即可完成支付。

Huawei Pay 最为经典的功能就是高频交通支付应用。Huawei Pay 交通卡功能，支持将手机"变成"交通卡，用户使用手机即可搭乘公交车和地铁，并享受与实体交通卡同等的乘车优惠，告别丢卡、找卡和排队充值的烦恼。截至 2021 年 4 月，Huawei Pay 已支持 51 张交通卡，覆盖全国 271 个城市。

随着智能手机等移动设备的日益普及，其不同于 PC 端的特征使得支付方式也发生了巨大的变化。阿里巴巴、腾讯、百度等互联网企业纷纷向移动支付市场进军。本章内容包括移动支付概述、第三方移动支付、移动支付的发展趋势 3 个方面。

# 6.1 移动支付概述

## 6.1.1 移动支付的定义及特点

移动支付是指用户通过移动终端（通常是智能手机、便携式计算机等）对所消费的商品、服务或其他交易进行结算的一种支付方式。用户通过移动设备、互联网或者近距离传感直接或间接向银行、金融企业发送支付指令，产生货币支付和资金转移，实现资金的移动支付。移动支付将终端设备、互联网、应用提供商以及金融机构相融合，为用户提供货币支付、缴费等金融服务。

移动支付具有以下 4 个特点。

### 1. 移动性

由于移动终端具有特定服务的随身性和极好的移动性，用户可以从长途奔波到指定地点办理业务的束缚中解脱出来，摆脱营业厅的地域限制。

### 2. 快捷性

移动通信终端和互联网平台的交互取代了传统的人工操作，使移动支付不再受限于相关金融企业、商家的营业时间限制，实现了 7×24 小时服务。移动支付同时还具有缴费准确、无须兑付零钱、快捷、多功能等优点。

### 3. 社交性

移动支付使人与人之间的小额转账成为可能，朋友聚餐AA制付款、微信红包、群收款无疑拉近了人们的社交距离。微信、支付宝等都能让人们"像发消息一样发钱，像收消息一样收钱"，使人们可以便捷地发起与社交紧密相关的支付活动，让资金往来更富有人情味。

### 4. 集成性

移动支付以手机等移动终端为载体，运营商可以将移动通信卡、公交卡、地铁卡、银行卡等各类信息集成到以手机为载体的App中进行集成管理，并搭建与之配套的网络体系，从而为用户提供十分方便的身份认证及支付服务。

## 6.1.2 移动支付的分类

### 1. 按照支付距离划分

按照支付距离，移动支付可以分为近场支付和远程支付。

（1）近场支付

近场支付主要是指通过带有支付功能的移动设备与读写器，实现本地化通信以进行货币资金转移的支付方式，一般用于小额的刷公交卡、购买门票，以及大额的购物支付等。

（2）远程支付

远程支付主要是通过移动网络，以常见的空中接口短信、GPRS等为媒介，链接后台支付系统，最终实现商务交易中的各种支付功能。

### 2. 按照商业模式划分

移动支付的产业链由监管部门、终端设备提供商、移动运营商、金融机构、第三方支付平台、商户及用户构成。按照商业模式，移动支付可以分为以下3类。

（1）以金融机构为主体的移动支付

商业银行是提供移动支付服务的主要金融机构，银行向用户独立提供移动支付服务，以手机作为支付的媒介，以通信网络作为支付的渠道。在此类运营模式中，移动运营商不需要直接参与运营管理的过程，只需要提供金融机构所需要使用的通信网络。用户将手机号码与银行账号进行绑定，使用电话语音、短信收发等常见的形式完成支付流程。用户通常使用的手机银行App上的转账和交易功能，微信上绑定的商业银行公众号，短信余额提醒等服务渠道，都属于以金融机构为主导的运营模式。

（2）以移动运营商为主体的移动支付

以移动运营商为主体的商业模式以移动运营商代收费业务为主，银行完全不参与其中。在进行移动支付（如用手机支付）时，一般将话费账户作为支付账户。用户通过购买移动运营商所发的电子货币来充值其话费账户，或者直接在话费账户中预存款，当用户采用手机支付形式购买商品或服务时，交易费用就直接从话费账户中扣除，最后由商家和移动运营商进行统一结算。

（3）以第三方支付机构为主体的移动支付

以第三方支付机构为主体的商业模式指一些具有实力的第三方经济体通过与不同的银行进行签

约的方式提供交易平台（如支付宝等），且整个交易在第三方支付平台的介入下责任明晰，分工明确。银行作为资金的供给方，保障资金的按时给付；移动运营商作为信息的传输渠道，向第三方支付机构及银行发出指令；第三方支付机构则充当中介，保障交易的顺利完成。这种商业模式在推广能力、技术研发能力、资金运作能力等方面都要求平台运营商具有相当的水平。

🔀 **课堂讨论**

移动支付有哪些特点与种类？

## 6.1.3　移动支付的方式

移动支付在近场支付和远程支付方面的创新衍生出了各种各样的移动支付方式。

（1）短信支付

短信支付主要利用移动支付信息输入平台和短信处理平台之间的交互来完成支付。用户通过移动设备（如智能手机等）向短信处理平台发送短信形式的支付指令，短信处理平台通过识别、审核和交换3个步骤，将支付信息转发到移动支付信息输入平台和账户管理系统，从而完成支付。短信支付现多用于话费充值、流量购买、开通通信业务等。

短信支付操作简单、方便且成本低，只需要一部联网的手机就能完成。但是这种方式存在一定的安全隐患，需要借助强有力的通信传输协议来保证短信内容传输的可靠性。

（2）客户端（无卡）支付

客户端（无卡）支付是指用户通过客户端向后台服务器发送申请，账户管理系统进行资金的转移操作，再将操作结果传输给客户端及服务供应商，从而完成支付。

客户端（无卡）支付可以通过浏览器和专用客户端两个渠道实现，因此可以分为浏览器支付和专用客户端支付。浏览器支付指用户使用移动设备（如智能手机等）上的浏览器，借助移动互联网实现移动支付信息输入平台与支付平台之间的交互，并完成支付操作。而专用客户端支付则是指用户使用专用客户端软件，主要针对某种特定的业务进行支付。专用客户端支付一般可以分为专用手机银行客户端支付和电子商务客户端支付。专用手机银行客户端支付直接使用银行卡、信用卡支付；电子商务客户端支付一般提供多种支付方式，如微信支付、支付宝、百度钱包、信用卡等，调用支付机构的接口完成支付。

（3）智能卡支付

智能卡的一个主要功能就是电子支付，它内置具有较高安全性能的智能芯片，可以设置在银行卡、电子钱包内。拥有智能卡的用户拥有一个资金账户，他们在使用智能卡进行网络支付结算时，可以直接在网络页面上填写智能卡卡号和相应的密码，银行通过对持卡人的身份进行认证，在确认智能卡卡号与密码无误后，根据用户的要求将资金从用户资金账户转移到商家收单银行的账户上，并通知商家确认用户的订单并发货，从而完成网络支付过程。

## 6.1.4 移动支付的技术

### 1. 短信

短信服务是移动支付中经常用到的移动技术，用于触发交易支付、进行身份认证和支付确认。按照信息流的流向，移动支付可以分为上行和下行两种方式。用户可以通过上行通道发送特定信息（此信息格式由移动支付运营商提供，一般包括购买商品的编号、数量等）到指定的特服号进行支付；商家可以通过下行通道向用户推送一些商品或服务，如提醒用户进行充值，如果用户确认充值，则完成了此次的移动支付。同时，下行通道也是进行用户消费确认的渠道，用来保证支付的安全，避免支付中的欺诈行为。

### 2. 红外线技术

2002年，红外线数据协会制定了用于移动支付的全球无线非接触支付标准：红外线金融通信（Infared Financial Messaging，IrFM）。2003年4月，VISA国际、OMC Card、日本ShinPan、AEON Credit和日本NTT DoCoMo等公司将其引入移动支付服务试验，通过红外线通信把信用卡信息下载并存储到手机里，在支付时通过红外线通信将用户的信用卡信息传输到指定设备，以完成支付认证。

### 3. 互动式语音应答技术

互动式语音应答（Interactive Vioce Response，IVR）技术与短信类似，用户可以通过拨打某个特服号进行移动支付。用户在支付确认和购买商品确认流程中常常会用到自动语音服务技术。在支付前，用户会收到一个由移动支付平台外拨的自动语音电话，用户根据电话语音提示进行支付；支付成功后，商家也会收到一个由移动支付平台外拨的自动语音电话，通知商家用户已支付成功，可以提供商品或服务。

### 4. 射频识别技术和蓝牙技术

射频识别（Radio Frequency Identification，RFID）技术和蓝牙（Bluetooth）技术都是基于射频技术（Radio Frequency，RF）的两种通信标准，射频技术可以引入非接触式移动支付服务。一般情况下，手机中内置了一个非接触式芯片和射频电路，且用户账户支付信息通过某种特殊格式的编码存放在此芯片中，以适应银行或信用卡机构的认证规则。用户在支付时，只需将手机放置在POS机的读卡器前，用户的账户信息就会通过射频技术传输到此终端，几秒就可以完成支付认证和此次交易。

### 5. 非接触式芯片技术

非接触式芯片技术是IC智能芯片技术与近距离无线通信技术（如蓝牙技术、红外线技术等）相结合的一种新型技术。它将用户信息存储在智能芯片中，通过近距离无线通信技术与其他接收处理设备进行通信，并将信息按照某种格式进行加密传输。

在这些通信技术中，射频识别技术和红外线技术与非接触式芯片技术的结合将是未来将手机作为移动支付设备的技术发展主要方向。另外，几乎在所有的现场支付解决方案中，手机技术的支持都十分重要。目前，有如下几种有关手机的解决方案：多功能芯片卡、双卡手机、外接无线识别模块读卡器、双插槽手机和内置的手机支付软件。

### 6. J2ME

随着Java的移动版本J2ME在移动领域被越来越广泛地采用，移动支付平台也引入了Java作为支付平台。利用J2ME建立支付平台主要有以下优势。

（1）具有较强的可移植性

由于Java是开放平台，众多的运营商、终端厂家以及业务平台提供商都支持这一技术，所以移动支付客户端应用程序能很容易地被移植到其他遵循J2ME或MIDP并且符合CLDC规范的设备上。

（2）具有更低的网络资源消耗与服务器负载

J2ME与WAP和SMS等方式的不同之处在于，J2ME客户端应用程序是从移动网络上直接下载到移动终端的，在断开连接模式下仍然可以工作并保持数据的同步。

（3）改善用户体验

J2ME API 在图形表现、用户界面和事件处理上更为丰富，这可以从移动电话及移动设备上的各种游戏和多媒体消息传递服务看出来。这无疑大大改善了用户体验，而这一点对于移动支付业务的发展来说至关重要。

（4）保密性高

J2ME本身提供了面向J2ME的安全性和信任服务API（Security and Trust Services API for J2ME），因此能对整个移动支付事务进行加密。不仅如此，在WAP和WTLS的支持下，入口会话能像在SSL 3.0中所进行的那样被保护。

# 6.2 第三方移动支付

## 6.2.1 第三方移动支付的定义

第三方移动支付是具备一定实力和信誉保障的独立机构，采用与各大银行签约的方式，提供与银行支付结算系统接口对接的交易支持平台的网络支付模式。在第三方移动支付模式中，买家选购商品后，使用第三方移动支付平台提供的账户进行货款支付，并由第三方移动支付平台通知卖家货款到账、要求发货；买家收到商品，检验商品并确认无误后，通知第三方移动支付平台付款给卖家，第三方移动支付平台再将款项转至卖家账户上。第三方移动支付作为目前主要的网络交易手段和信用中介，其最重要的作用是在网上卖家和银行之间建立起连接，实现了第三方监管和技术保障。

第三方移动支付平台的出现，从理论上讲，杜绝了电子交易中的欺诈行为，这是由它的以下特点决定的。

① 第三方移动支付平台的支付手段多样且灵活,买家可以使用网络、语音电话、手机短信等多种方式进行支付。

② 第三方移动支付平台不仅具有资金传递功能,而且可以对交易双方进行约束和监督。例如,支付宝不仅可以将买家所付款项划入卖家账户,而且如果出现交易纠纷,如卖家收到买家订单后不发货或者买家收到商品后找理由拒绝付款等,支付宝会对交易过程进行调查,并且对违规方进行处理,基本能监督和约束交易双方。

③ 第三方移动支付平台是一个为网络交易提供保障的独立机构。例如,支付宝就相当于一个独立的金融机构,在交易过程中保障了交易的顺利进行。

## 6.2.2 第三方移动支付的行业现状

### 1. 行业规模不断增长

第三方移动支付是指具备一定实力和信誉保障的第三方独立机构,一般通过和银行合作的方式,提供交易支持工具和平台,实现资金的转移。目前,第三方移动支付主要包括以互联网为媒介的互联网支付和以手机为媒介的移动支付,以及交易量比较小的预付卡支付和银行卡收单业务。

2010年以来,我国第三方移动支付市场的交易规模增速迅速扩大,已经成为全球移动支付的领跑者。《中国第三方支付市场数据发布报告》显示,截至2020年年底,我国移动支付用户规模达8.53亿人,较2020年3月增长8 744万人,占手机网民的86.5%。2021年Q1,我国第三方移动支付交易规模约为73.89万亿元,环比增长率为2.16%,如图6-1所示。

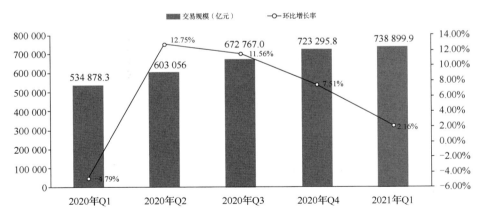

说明:以上数据借助市场征询及自主监测手段,以自有研究模型估算获得,其间易观不排除将根据最新市场情况对历史数据进行微调。

图6-1 2020年Q1—2021年Q1我国第三方移动支付交易规模及增长率

### 2. 线下支付环节逐步扩展到整个消费链

随着腾讯和阿里巴巴等企业建立起以支付工具为中心的金融生态系统,移动支付进入金融生态的竞争阶段。在市场格局上,移动支付双巨头地位牢固,支付宝、财付通抢占市场份额。第三方移动支付已综合应用于消费者日常生活场景，如扫码付钱、"刷脸"支付、无感支付、自助点餐、扫码乘车等，移动支付的使用场景正快速丰富，且在单笔消费小额化、零售化上表现较为突出。

移动支付产品是现阶段我国消费者支付效率提高的关键，它的普及使传统的零售模式发生了转变。随着巨头企业对支付及金融生态的布局日趋完善，以及政府对移动支付的重视度的提高，未来移动支付产品将持续优化，并逐步扩展到整个消费链，并给零售模式带来更大的冲击。

2021年第1季度，多地开展了线上领券、线下打折等活动刺激消费，线下客流逐渐恢复，扫码支付市场表现亮眼。统计显示，2021Q1，线下交易保持高人气，整个线下扫码市场的交易规模高达12.51万亿元，环比增长率为11.20%，如图6-2所示。

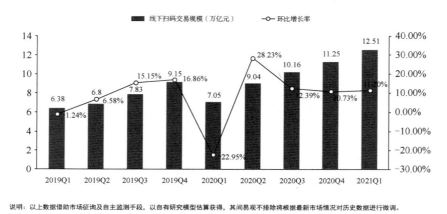

说明：以上数据借助市场征询及自主监测手段，以自有研究模型估算获得，其间易观不排除将根据最新市场情况对历史数据进行微调。

图6-2　2019年Q1—2021年Q1线下扫码支付市场交易规模及增长率

### 3. 商业智能化程度不断提升

随着移动设备的普及和互联网技术的提升，第三方移动支付平台以其便利、快捷的优势覆盖了用户生活的各个场景，涵盖网络购物、转账汇款、公共缴费、手机充值、交通出行、商场购物、个人理财等诸多领域。作为标准化服务，长期来看这是低毛利业务，但其核心价值在于连接和积累数据。场景越全面，用户画像越精确，因此第三方移动支付平台不仅要关注支付笔数和份额，还要关注一个用户是否在多个场景活跃。这些数据反映出第三方移动支付商业智能化程度不断提高，具体表现在两个方面。第一，支撑行业增加。支付场景的增加使得其对接企业、行业分布更广泛，这不仅可以为各行业的企业提供支付渠道，而且可以为它们提供全面的用户信息，使它们的推广、营销更加有效率。同时，通过第三方移动支付这种具有普惠性质的支付方式，各行业得以对长尾理论进行实践，发展差异化优势。第二，数据维度增加。移动支付适用场景的增加，为企业提供了多维度的用户数据，信息规模扩大，不同维度数据间的关联为第三方移动支付服务提供企业带来了远大于支付本身的附加价值。通过对用户支付数据的挖掘，企业能够对用户的信用等级、行为偏好等进行全面的分析和把握，从而为开展其他业务提供基础支撑并发挥独特优势。

## 6.2.3 第三方移动支付的作用

### 1. 第三方移动支付成为线下生态连接点

随着线下扫码支付覆盖的场景不断增多，同行业解决方案也不断丰富。一方面，扫码支付为用户带来了便捷的消费体验；另一方面，接入线下扫码支付的商家也享受到了数字化营销所带来的便利。用户与商家双赢的局面极大地促进了线下扫码支付的发展。第三方移动支付企业对市场的争夺在未来将更加聚焦于支付场景的争夺。而在线上线下融合程度不断加深的趋势下，移动支付产品对线下场景渗透布局的重视程度也不断提高。其中，微信的优势是活跃、便捷，而支付宝的优势是为商家和用户提供综合化金融服务体系。此外，目前移动支付产品在一、二线城市中的渗透率较高，但在三、四线城市的下沉市场中仍然具有挖掘空间，第三方移动支付企业在下沉市场的竞争也是其未来的关注重点。线下扫码支付承载并连接着增值业务平台，其主要利润爆发点有以下几个。

（1）O2O新入口

O2O行业的崛起带动餐饮行业从线下走到线上。然而，对于其他难以提供外卖或外送服务的行业来说，线下扫码支付为它们提供了走向线上的新机会。通过实施第三方移动支付企业提供的推广体系和鼓励金方案，线下店铺在线上获得了更多展示机会，并拥有了吸引用户持续到店的可能。

（2）会员营销

基于推广体系附带的支付功能及会员功能，商家可通过积分形式促进用户持续消费，并根据用户的积分及到店消费情况定向执行新用户到店促销、沉睡用户激活、忠诚用户奖励等方案，提高营销性价比。在掌握市场数据的情况下，合作方开发出了类似于裂变红包、集点活动、周边商圈推送等创新玩法，为商家精准营销提供了新的渠道。

（3）行业解决方案

依托线下扫码支付，平台综合金融服务功能渗透各垂直行业。基于线上与线下所积累的用户信息和信用数据，与各垂直行业的企业合作，为用户提供类似于"先享后付"等更加便捷、完善的服务，推动各垂直行业的发展、进步。

（4）拉近用户距离

在传统的商业社会中，用户与商家之间比较陌生，双方在交易完成之后并不会产生其他交集。而通过线下扫码支付，用户可以通过第三方移动支付平台以关注店铺公众号、加入商家用户群等方式与商家进行直接接触。在社交场景下，商家可进一步了解用户的实际需求，改善自身产品，宣传店内产品，或为忠诚用户推出定制化的产品及服务。

### 2. 第三方移动支付促进互联网红利扁平化惠及"三农"

（1）第三方移动支付为农村金融的发展提供落实手段

第三方移动支付从征信数据和生产闭环两个角度切入，为农村金融发展开拓了可行的模式，使

"三农"更直接地受益于互联网红利，成为普惠金融体系中重要的一环。

第三方移动支付可以为农村征信系统提供多维度的支付数据，"一切数据皆信用"，这为农村借贷提供了有力的数据支撑，降低了信贷门槛，使更多的农民可以享受低息贷款，摆脱民间的高息借贷。第三方移动支付的终端相比于传统的银行、信用社网点，覆盖面更广、覆盖成本更低，使信用服务的受众面得到扩展。

第三方移动支付作为数字化金融的主要表现形式之一，连接着大数据和人工智能等技术手段，不断对农村金融进行着探索实践。受益于互联网金融监管政策的放活和农村产权要素的盘活，第三方移动支付企业为金融资源合理优化配置于农村提供了切实落地的手段，扭转了传统城市对农村的"虹吸效应"，有利于打破我国城乡二元结构。

第三方移动支付企业依托自身平台打造农业生产供销闭环，以线上金融带动线下生产，通过农村征信为有资金需求的农户提供小额贷款支持，再通过电商的介入为农产品销售提供优质渠道。第三方移动支付企业这种低成本、风险可控的农村金融落地模式将金融嵌入农村产业实体，使互联网红利扁平化惠及"三农"。

（2）第三方移动支付为公益传播提供高频载体

借助自身的平台连接优势与技术优势，第三方移动支付企业可以为用户提供多元化的便捷公益捐赠渠道。第三方移动支付平台对接众多公益组织，为用户提供丰富可选的项目，同时借助数据挖掘技术和用户之间的社交传播，使用户更有可能接触到感兴趣的项目。这种"互联网+公益"的模式，使得公益捐赠的受捐者可以得到更加广泛的社会支持。

此外，对第三方移动支付平企业进行有力监管，可以保证募捐项目的真实性及资金使用的正当性，这有效解决了传统募捐项目公信力缺失的问题。但随着商业营销的冲击裹挟，监管约束、平台自身完善、公众理性辨别三者都需进一步增强，以促进"互联网+公益"模式的良性发展。

除了提供直接进行捐赠的快捷渠道外，第三方移动支付企业也为公益理念的传播提供了高频的优质载体。以支付宝为例，其"蚂蚁森林"模块通过种树、"收集绿色能量"等用户间的互动行为传播低碳理念。这种将用户支付行为与公益事业相联系的设计，一方面可以通过用户较高频次的参与传播公益理念，另一方面促进了平台用户间的互动，提高了用户黏性，使企业运营和公益事业实现双赢。

## 6.2.4  第三方移动支付的主要应用

### 1. 支付宝

（1）支付宝的发展

支付宝（中国）网络技术有限公司（以下简称支付宝公司）是国内领先的独立第三方支付企业，是阿里巴巴集团的关联企业。支付宝公司致力于为中国电子商务提供"简单、安全、快速"的在线支付解决方案。支付宝公司从2004年成立开始，始终以"信任"作为产品和服务的核心，不仅从产品上确保用户在线支付的安全，也让用户通过支付宝在网络间建立起相互的信任，为建立纯净的互联网环境做出了重要的贡献。支付宝公司提出的建立信任、化繁为简、以技术的创新带动信用体系完善的理念，深得人心。支付宝公司为电子商务各个领域的用户创造了丰富的价值，成长为全球领先的第三方支付企业之一。目前，支付宝为超过8亿名用户提供包含支付、理财、信贷、保险等在内的金融服务产品。支付宝公司借助其创新的产品技术、独特的理念及庞大的用户群，吸引了越来越多的互联网用户主动选择将支付宝作为其在线支付体系。目前，除淘宝和阿里巴巴外，支持使用支付宝交易服务的商家已经超过46万家，涵盖了虚拟游戏、数码通信、商业服务、机票等行业。这些商家在享受支付宝服务的同时，还拥有了一个极具潜力的消费市场。

　　目前，支付宝已成为国内领先的第三方移动支付平台，内置余额宝，还具有信用卡还款、转账、充话费、缴水电煤气费等免费的功能。支付宝还能用于优惠打车、便利店购物、在售货机中买饮料等。支付宝更有众多公众账号（如支付宝服务窗账号等），为用户提供贴心服务。从2013年第二季度开始，支付宝手机支付活跃用户数就超过了PayPal，位居全球第一。图6-3所示为支付宝首页，图6-4所示为支付宝功能页面。

图6-3　支付宝首页

图6-4　支付宝功能页面

（2）支付宝交易的流程

　　支付宝交易是指买卖双方使用支付宝公司提供的支付宝软件系统，且约定买卖合同项下的付款方式为支付宝公司于买家收货后代为支付货款的中介支付。在买卖过程中，买家的支付对象为第三方移动支付平台——支付宝，这样买家就不用担心把款项直接付给卖家后卖家不发货的问题。同时，为了保证买卖双方的利益，支付宝在交易过程中会启动超时机制，买卖双方必须在自己的交易规定时间内进行交易，否则就要承担一定的损失。图6-5所示为支付宝交易的流程。

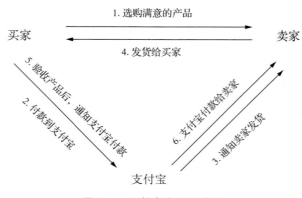

图6-5　支付宝交易的流程

（3）支付宝常用功能

支付宝转账产品包括转账到支付宝账户、转账到银行卡账户、AA收款、收交房租、信用卡还款等功能，使用方法如下。

① 转账到支付宝账户。需要输入对方支付宝账号或者手机号码，并输入转账金额即可完成，也可以给对方留言。

② 转账到银行卡账户。需要输入收款人姓名、银行卡号、开户银行信息以及转账金额，该功能需要收取一定的服务费，费率为转账金额的0.1%。

③ AA收款。需要输入总金额、总人数、收款理由等信息，然后点击"发起收款"按钮，即可生成支付二维码，对方扫描二维码即可完成收款流程。

④ 收交房租。首先需要在"我是房东"和"我是房客"两项中进行选择，以选择"我是房东"为例，则需要添加房源，再添加房客，输入租约详情，点击"保存"按钮即可。

⑤ 信用卡还款。首先需要添加信用卡相关信息，添加完后可以查询信用卡账单。

### 2. 财付通

财付通是腾讯于2005年9月正式推出的专业在线支付平台，是我国领先的在线支付平台，致力于为个人用户和企业用户提供安全、便捷、专业的在线支付服务。

财付通构建了全新的综合支付平台，业务覆盖B2B、B2C和C2C等领域，并提供了网上支付及清算服务。针对个人用户，财付通提供了包括在线充值、提现、支付、交易管理等丰富的功能；针对企业用户，财付通提供了安全可靠的支付清算服务和极富特色的QQ营销资源支持。

在日常生产生活中，财付通中两个常见的应用是微信支付和QQ钱包。

（1）微信支付

微信支付是集成在微信客户端的支付功能，用户可以通过智能手机快速完成支付流程。微信支付向用户提供安全、快捷、高效的支付服务，以绑定银行卡的快捷支付为基础。目前，微信支付已实现刷卡支付、扫码支付、微信公众号支付、App支付，并提供企业红包、代金券、立减优惠等营销新工具，可满足用户及商家的不同支付需求。

微信支付有四大安全保障，为用户提供安全防护和客户服务。

① 技术保障。微信支付后台有腾讯的大数据支撑，海量的数据和云计算能够及时判定用户的支付行为是否存在风险。基于大数据和云计算的全方位的身份保护最大限度地保证了用户交易的安全性。同时，微信支付安全认证和提醒从技术上保障了每个交易环节的安全。

② 客户服务。微信支付提供7×24小时客户服务，加上微信客服，能及时为用户排忧解难。同时，微信支付开辟了专属客服通道，客服人员会以最快的速度响应用户提出的问题并做出处理和判断。

③ 业态联盟。基于智能手机的微信支付受到多个手机安全应用厂商的保护，如腾讯手机管家等，它们一起形成了安全支付的业态联盟。

④ 安全机制。微信支付从产品体验的各个环节考虑用户的心理感受，形成了一整套安全机制。这些机制包括硬件锁、支付密码验证、终端异常判断、交易异常实时监控、交易紧急冻结等。这一整套机制将对用户形成全方位的安全保护。

微信支付是开放体系，面向商家是开放的，面向第三方服务商也是开放的。如果商家有足够强大的IT团队和运营能力，自己就可以接入运营。第三方服务商致力于帮助传统企业发展O2O，它们有技术开发能力，可为普通商家提供微信支付技术开发、营销方案等。微信支付一直以来致力于打造"智慧生活"，将企业责任与更多行业及用户的需求相关联，提供更多的商业和用户价值。微信支付的四大好处如下。

① 带来便捷的交易与沟通。创新的产品功能（如转账、红包、找零、支付+会员等）不仅方便了用户的交易，提高了效率，还让很多传统的生意和习俗更有新意，在交易过程中带来更多的乐趣。微信支付甚至成为情感交流、传达爱意的新方式。

② 带来智慧高效的生活体验。线上线下场景的覆盖给用户带来了零售、餐饮、出行等方方面面的智慧高效的生活体验，让用户更加自在、更有安全感地生活。

③ 帮助产业升级，输送商业价值。微信支付携手各行各业的商家共筑智慧生活，为传统行业带来智慧解决方案，帮助传统行业转型，让传统行业搭上"互联网+"的直通车，推动传统行业产业升级，给传统行业带来新的机会，输出更多商业价值，引领行业共建智慧生活圈。

④ 生态链延伸，价值共享。微信支付借助创新的技术支撑和开放的平台原则，与行业共享微信支付带来的价值，引领行业共同构建完善的智慧生活生态链，基于智慧生态链的延伸，孵化出很多新兴的产业机会。微信支付的服务商遍布全球各地，携手微信支付为给商家和用户带来智慧生活体验而努力奔走，相互扶持、相互帮助、共同成长，携手推进智慧生活进程。

（2）QQ钱包

2014年4月1日，腾讯正式发布手机QQ 4.6.2版本，该版本新增支持iOS系统的QQ钱包，这意味着安卓和iOS系统手机的用户均可使用手机QQ钱包，体验移动支付生活，这也是手机QQ正式发力移动支付领域的开端。QQ钱包在功能上与微信支付类似，但是其应用没有微信支付广泛。

**课堂讨论**

第三方移动支付平台的优点有哪些？

# 6.3　移动支付的发展趋势

随着金融科技与移动支付的加速结合，生物识别支付有望取代手机扫码支付，成为推动无现金进程的主力。未来，移动支付的发展呈现以下趋势。

### 1. 行业监管日趋完善，移动支付机构加速商业模式变革

移动支付市场对我国金融市场的影响越来越大，为了确保金融市场的稳定以及行业健康发展，移动支付领域监管将更加细化和完善。移动支付市场的强监管政策保障了市场的健康发展，但费率的下降挤占了移动支付机构的盈利空间。盈利压力驱动移动支付机构加速业务创新，拓展增值服务，移动支付机构工具变现模式趋向服务变现发展。

### 2. 金融科技加速移动支付的渗透

同其他所有行业一样，科学技术的进步与革新是移动支付行业进步的最大动力。随着移动支付产业链条的打通，金融科技将各个环节纳入其优化的部分。不同技术之间天生具有亲和力，生物识别、人工智能、云计算与区块链等技术将移动支付企业和用户紧密地联合在一起。生物识别让移动支付突破空间限制；云计算让移动支付更加了解用户。

### 3. 移动支付的全球化拓展

由于我国移动支付市场较其他国家而言发展较为成熟，所以我国的移动支付企业具备了"走出去"进行全球化拓展的基础。而较为可行的拓展方式有两种：一是通过战略投资，技术、运营经验输出，入股并扶持国外本土移动支付企业，提供全球化用户移动支付服务；二是通过剧增的中国游客出国消费行为，向国外商家推广移动支付服务，并通过国外商家的改变来进行国外本土化市场的扩展，提高国外本土化市场对移动支付的认知程度，建立全球化商家移动支付网络。

### 4. 支付场景更加多样化

随着移动互联网的普及，移动支付已成为人们在日常生活中使用的主要支付方式，这也得益于中国互联网产业的快速布局、智能设备的普及、O2O支付渠道的广泛铺开。随着中国互联网技术的不断革新，未来移动支付行业也将发生深刻的变化。移动支付将应用于更多的支付场景中。未来

移动支付工具会从单纯的金融工具发展成为涉及一些行业垂直领域的服务，并在场景化、个性化方面产生一些变化。用户可能更希望在移动支付的过程中感受到移动支付工具与其应用场景的有效结合。移动支付环节中最大的一个变革，可能是移动支付环节的彻底消失。

### 5. 移动支付助力O2O产业实现线上线下的结合

移动支付通过促进线下实体商业营销、运营以及用户管理的数字化转型，带给线下实体商业新的活力与生机。一方面，移动支付在掌握市场数据的情况下，为商家的精准营销提供了新的渠道，并根据用户的积分及到店情况定向执行新用户到店促销、沉睡用户激活、忠诚用户奖励等方案，提高投资回报。另一方面，商家可以通过线下扫码支付进一步了解用户的实际需求，改善自身产品，提高用户体验满意度。因此，移动支付可为线下实体商业提供新动力。

 **素养拓展**

## 科技改变生活——数字人民币

中国人民银行高度重视法定数字货币的研究开发。2014年，中国人民银行成立法定数字货币研究小组，开始对发行框架、关键技术、发行流通环境及相关国际经验等进行专项研究。2016年，中国人民银行成立数字货币研究所，完成法定数字货币第一代原型系统搭建。2017年年末，经国务院批准，中国人民银行开始组织商业机构共同开展法定数字货币研发试验。

我国研发数字人民币体系，旨在创建一种以满足数字经济条件下公众现金需求为目的的数字形式的新型人民币，配以支持零售支付领域可靠稳健、快速高效、持续创新、开放竞争的金融基础设施，支撑中国数字经济发展，提高普惠金融发展水平，提高货币及支付体系运行效率。总的来说，其目的有3个方面。一是丰富中国人民银行向公众提供的现金形态，满足公众对数字形态现金的需求，助力普惠金融。二是支持零售支付领域的公平、效率和安全。三是积极响应国际社会倡议，探索改善跨境支付的方法。

数字人民币的概念有两个重点，一是数字人民币是数字形式的法定货币；二是数字人民币和纸钞、硬币等价，主要定位于现金类支付凭证，也就是流通中的纸钞和硬币，将与实物人民币长期并存。

目前，很多城市开展了试点测试工作。2019年年底，数字人民币相继在深圳、苏州、雄安新区、成都及未来的冬奥场景启动试点测试；到2020年10月，增加了上海、海南、长沙、西安、青岛、大连6个试点测试地区。2021年2月7日零时，北京市启动"数字王府井，冰雪购物节"数字人民币红包预约活动，面向在京个人发放1 000万元数字人民币红包，以拉动内需，鼓励"就地过年"。2021年4月10日至23日，深圳市再推数字人民币试点，测试规模再扩容50万人。这次试点主要以"使用数字人民币享消费优惠"为核心，优惠总额度为1 000万元。2021年5月8日，数字人民币接入支付宝，新增饿了么、盒马等3个子钱包，数字人民币App更新，钱包运营机构中的"网商银行（支付宝）"已呈可用状态。

# 第7章

# 移动电子商务数据分析

知识结构图 ↓

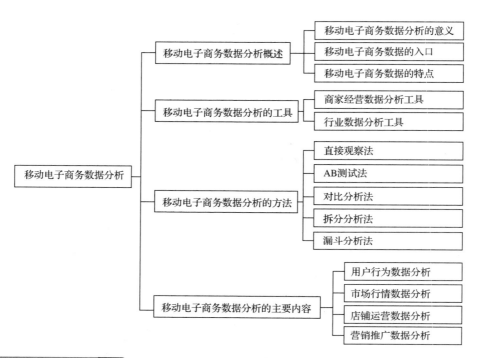

移动电子商务数据分析
- 移动电子商务数据分析概述
  - 移动电子商务数据分析的意义
  - 移动电子商务数据的入口
  - 移动电子商务数据的特点
- 移动电子商务数据分析的工具
  - 商家经营数据分析工具
  - 行业数据分析工具
- 移动电子商务数据分析的方法
  - 直接观察法
  - AB测试法
  - 对比分析法
  - 拆分分析法
  - 漏斗分析法
- 移动电子商务数据分析的主要内容
  - 用户行为数据分析
  - 市场行情数据分析
  - 店铺运营数据分析
  - 营销推广数据分析

学习目标 ↓

- 了解移动电子商务数据的入口与特点。
- 了解移动电子商务数据分析的工具。
- 了解移动电子商务数据分析的方法。
- 了解移动电子商务数据分析的主要内容。

扫一扫

学思融合

素养目标 ↓

- 了解我国的大数据发展理念和发展战略。
- 具备数据保密意识和相关法律意识。

**沃尔玛经典营销：啤酒与尿布**

　　沃尔玛管理人员分析销售数据时，竟然发现了一个令人难以理解的销售现象：在日常的生活中，啤酒与尿布这两件商品看上去风马牛不相及，但是经常会一起出现在同一个美国消费者的购物篮中。这个独特的销售现象引起了沃尔玛管理人员的关注。他们经过一系列的后续调查发现，"啤酒＋尿布"的现象往往发生在年轻的父亲身上。当然，这个现象源于美国独特的文化。在有婴儿的美国家庭中，通常都是由母亲在家中照看婴儿，去超市购买尿布一般由年轻的父亲负责。年轻的父亲在购买尿布的同时，往往会顺便为自己购买一些啤酒。年轻的父亲这样的消费行为自然就导致了啤酒、尿布这两件看上去不相干的商品经常被同时购买。

　　如果某个年轻的父亲在某超市只能购买到一件商品——尿布或者啤酒，他通常可能会放弃在该超市购物而到另一家超市购买，直到可以一次性买到啤酒和尿布两件商品。沃尔玛管理人员发现该现象后，立即着手把啤酒与尿布摆放在相同的区域，以让年轻的父亲可以非常方便地找到啤酒和尿布这两件商品，让其较快地完成购物。这样一个小小的陈列细节让沃尔玛获得了较高的商品销售收入。这便是啤酒与尿布的故事。

　　早在2007年，为了更好地利用数据分析消费者的行为与需求，沃尔玛建立了一个超大的数据中心，其存储能力非常强大。如今，沃尔玛的数据仓库存储着数千家连锁店在近65周内的每一笔销售的详细记录，这使得业务人员可以通过分析消费者的购买行为更加了解他们的消费者。

　　从以上案例可以看出，在商业活动中数据分析非常重要，沃尔玛正是采用在当时还比较小众和超前的信息技术搜集和分析消费者的行为数据，才为自身的高速发展打下了坚实的基础。就移动电子商务而言，数据量越来越大，需要分析的信息越来越多，数据分析更加重要。通过数据分析，企业可以实时、全面地了解产品与消费者信息，有利于更好地制订移动电子商务运营策略。

# 7.1　移动电子商务数据分析概述

## 7.1.1　移动电子商务数据分析的意义

　　数据分析一直存在于各种营销过程中，贯穿于企业和产品的整个生命周期。在需要处理大量数据的移动电子商务行业，数据分析已经成为移动电子商务运营必不可少的环节。移动电子商务数据分析的意义主要有以下几个。

### 1. 监测行业竞争

　　随着互联网的发展，众多企业开始利用数据来记录企业的发展，同时利用数据来监测相关行业，以期达到最佳运营效果。企业参与市场竞争，不仅要了解谁是自己的用户，还要弄清谁是自己的竞争对手。通过行业数据分析，掌握行业现状、发展趋势、竞争情况，监测主要竞争对手的活动，企业能判断行业竞争格局，预测行业发展走势和竞争对手未来的战略，从而规划设计发展策略，确保企业的行业地位。

### 2. 改善用户关系

"一切以用户为中心"已成为许多企业的口号，其深层目的在于改善用户关系、提高用户满意度、实现用户忠诚。数据分析能够帮助企业了解用户的个人特征、购买行为、消费偏好，进而分析用户价值，分类开展有针对性的用户关怀活动，提高老用户的忠诚度，吸引新用户，实现用户关系的改善。

### 3. 改善用户体验

通过分析用户特征、产品需求等数据，企业可以改善现有的服务或推出新的产品。把新研发的产品或者新包装的产品投入市场，根据已经建立的数据模型进行测试和实境模拟，可以挖掘用户新的需求、改善用户体验，提高产品的投入回报率。例如，针对历史评价以及社交网络、论坛上产生的大量的数据，企业可利用数据分析技术进行挖掘，在某些情况下可通过实境模拟来判断哪一种情况下产品的投入回报效率最高。

### 4. 评价经营绩效

数据分析能够帮助电子商务企业或电子商务经营者评价经营绩效，找出问题的来源并为设计解决方案提供依据。例如，通过分析用户访问路径报表的统计结果，企业可以判断用户是否按照预先设想的流程访问网页，进而诊断网址的设计是否存在问题；通过分析网店访问者浏览时间的长短，企业可以判断网店是否有利于浏览、是否能给访问者提供美好的交流体验。

### 5. 精细化运营

在数字化时代，企业需要进行精细化运营才能更好地从管理、营销等方面提升用户的体验，而提供差异化的服务可以让运营精细化。商务活动是一个由供应链组成的系统，涉及从采购到销售的各个环节。数据分析能帮助企业进行用户群体细分。企业针对特定的用户细分群体采用差异化的营销策略或根据现有营销目标筛选目标用户群体，可提高投入产出比，实现营销推广优化。对企业而言，精细化运营的好处在于可对目标用户群体或者个体进行特征追踪与画像，从而分析用户在某个时间段内的特征和习惯，最后企业可形成一种根据用户特性打造的专属服务。

## 7.1.2 移动电子商务数据的入口

随着移动互联网与智能手机的普及，"App为王"的理念深入人心，但传统互联网思维仍在内容层面。搜索引擎、浏览器发挥着重要作用，具有移动性的地图软件、应用商店及广告联盟等新兴玩家也成为入口分发地，当然它们受到系统的制约。此外，直接针对App本身的新形式入口也在形成，整个生态在高速发展中逐步进行着自我进化。一般而言，可能的移动电子商务的数据入口主要包括移动App、移动浏览器、移动搜索等，如图7-1所示。

图7-1 移动电子商务的数据入口

## 1. 移动App

移动App就是移动应用软件。随着智能手机和便携式计算机等终端设备的普及，人们正逐渐习惯使用移动App。用户获取信息的方式从以浏览器为入口逐渐转化为以移动App为入口。随着移动App的盛行，越来越多的企业、电子商务平台将移动App作为销售的主战场之一。分析自身应用的移动App可以进一步了解移动用户，加上结合行业数据分析，则可以改进信息传递和提升产品体验。图7-2所示为移动App下载入口。

## 2. 移动浏览器

移动浏览器是为移动设备（如智能手机或便携式计算机等）设计的网页浏览器，移动浏览器对在手持设备的小型屏幕上显示的网页内容做了优化。移动浏览器如图7-3所示。当前，用户使用移动浏览器呈现场景化、碎片化的特征，如何解决用户需求与信息的不对称问题，提高信息的精准度，把用户需要的信息快速准确地呈送到用户

图7-2 移动App下载入口

面前成为移动浏览器提供商需要解决的问题。精准化的信息推送成为移动浏览器未来的发展趋势，也有助于移动浏览器提供商的资源变现。不同于PC端的入口优势，移动浏览器面临着发展困难，目前在移动端，微信、微博等移动App的盛行所造成的信息分流，大大动摇了移动浏览器的入口地位，这也是各大移动浏览器提供商不得不面对的现实。QQ浏览器相关人士指出，随着信息更加碎片化，用户也会将手机中的各种App精简化，最后留下来的App数量不会很多，这些App被称为超级App，而移动浏览器会成为超级App之一。

图7-3 移动浏览器

### 3. 移动搜索

广义的移动搜索是指在移动终端利用互联网技术对信息进行检索和查找，主要搜索渠道包括搜索引擎、浏览器、垂直应用程序三大类，行业的主流玩家依然是移动搜索引擎。艾媒咨询分析师认为，互联网流量的碎片化驱动了移动搜索的细分化发展，加强完善内容生态是主流移动搜索引擎玩家提高用户黏性的关键。根据调查，受访用户最常使用的移动搜索方式是文字搜索，占比达72.6%。目前，文字搜索占据主流，AI搜索正在崛起。对流量的极度渴望以及信息的爆炸式增长，让移动搜索引擎这一天然具备入口属性的工具的战略意义更加凸显。电子商务平台、社交平台、手机厂商纷纷加大力度布局搜索业务，搜索业务逐渐成为巨头商业生态竞争的要塞，竞争不断升级。

> **课堂讨论**
>
> 在移动互联网时代，信息获取渠道日渐多元化、碎片化，移动搜索引擎作为网民信息获取入口的地位会被撼动吗？

## 7.1.3 移动电子商务数据的特点

移动电子商务数据的特点主要有以下几个。

### 1. 海量

如今的人们被数据包围，人们在线和离线所做的一切都会生成数据。原始数据面临的问题在于其数量庞大，移动环境下用户碎片化的消费行为和消费特点，数以亿计的用户通过移动终端每时每刻都在产生海量的数据。除了统计用户年龄、性别、消费场所、消费频率、消费金额等与用户自身相关的数据以外，移动电子商务需要统计的数据还包括移动终端设备型号、应用程序版本、进入应用的渠道等。

### 2. 碎片化

碎片化是移动电子商务的重要特征之一。碎片化不仅影响人们的日常生活，还在更深层次上影响人们的消费行为和习惯。在移动电子商务环境下，碎片化时间已经成了消费的"黄金窗口"，人们的很多消费是在碎片化时间内进行的，人们在不经意的一瞬间就可能达成一笔交易。因为线上商品并不像传统的那样，必须在特定的地点（如商场、专卖店等）、特定的时间（如营业时间等），以特定的方式（如促销等）出现，而是无处不在、无时不在——或许在微店里，或许在微信朋友圈、新闻客户端里，或许在玩的游戏里……图7-4所示为微信、QQ上的碎片化消费信息。与以往集中式的消费行为不同，这种消费行为虽然碎片化了，但暗藏的消费力丝毫没有弱化，反而呈现出多样化、个性化的趋势。这会间接促使企业更高效地做好营销工作。

图7-4 微信、QQ上的碎片化消费信息

### 3. 以人为中心

移动电子商务的数据核心节点是"人"，即"以人为中心"，包括用户移动性数据和用户行为数据等。在信息爆炸时代，移动电子商务产生的数据量大（数以亿计的用户每时每刻都在产生数据）、种类多（如各种传感器数据、在线多媒体数据等）。移动电子商务数据具有更大的时空覆盖范围，同时融合物理和虚拟空间数据，全方位呈现个体、城市及社会活动信息。这些数据的产生基于用户的使用，所有数据都是通过用户利用移动终端进行的各种行为产生的。

#### 4. 借力移动终端

在传统的电子商务中，绝大部分情况下用户数据是基于PC端进行统计的。而移动电子商务是以移动终端（如智能手机等）为分析基础来统计数据的，并且绝大部分情况下每个移动终端的使用者都是唯一的。所以，在移动电子商务数据分析的基础上，企业可以为用户提供更个性化的服务和更精准的营销。

# 7.2 移动电子商务数据分析的工具

## 7.2.1 商家经营数据分析工具

用于数据分析的工具有很多，简单的数据可以直接通过Excel来进行分析。商家也可以利用一些专门用于移动电子商务数据分析的平台进行数据分析。各大移动电子商务平台为了方便商家进行数据统计与分析，提供了相应的数据分析工具，商家可以根据自己的实际需要选择相应的数据分析工具。下面将对移动电子商务平台用于查看内部数据的工具进行分析。

### 1. 生意参谋

生意参谋是阿里巴巴官方推出的面向淘宝和天猫全体商家的一站式、个性化、可定制的数据分析工具。商家可以通过生意参谋了解店铺目前的经营状况，包括流量情况、访客数、销售情况及推广情况等，也可以分析商品、交易、物流、营销等。生意参谋标准版免费开放给商家使用，其首页如图7-5所示。部分高级功能如竞争、市场、作战室等为收费功能，商家可以在生意参谋中付费订购。下面对其主要板块进行简要介绍。

图7-5 生意参谋标准版首页

（1）首页

登录生意参谋后，页面默认会显示首页内容，其中显示的所有数据都与店铺紧密相关，包括店铺的实时概况数据、店铺概况数据、销售数据、推广数据等。用户在首页就能了解店铺的大体经营情况。例如，在"实时概况"板块中，用户能够直观地看到当天实时的支付金额、访客数、支付买家数、浏览量、支付子订单数等数据。

（2）实时

单击生意参谋上方导航栏中的"实时"可进入"实时直播"页面，此页面会将店铺的实时概况、实时来源、实时榜单、实时访客、实时催付宝等数据进行汇总显示，单击左侧导航栏相应的超链接即可显示对应的数据信息。图7-6所示为"实时直播"页面。

图7-6 "实时直播"页面

① 实时概况会显示店铺当日访客数、浏览量、支付金额、支付子订单数、支付买家数等数据，同时会以趋势图的形式显示当日各时段支付金额、访客数、支付买家数、支付子订单数等数据。

② 实时来源会显示访客数和买家数的PC端、移动端来源分布和地域分布情况。

③ 实时榜单会显示店铺各商品的浏览量、访客数、支付金额、支付买家数和支付转化率等数据。

④ 实时访客会显示访客的访问时间、入店来源、访问的页面，以及访客位置、编号等数据。

⑤ 实时催付宝会显示在本店铺下单但尚未支付的买家信息、潜力指数、潜力订单、订单状态等数据。

（3）作战室

作战室是阿里巴巴生意参谋团队研发的一款面向"淘系"头部商家，满足其数据创新领域的全局指挥和打造影响力需求的创新商品，提供核心数据大屏监控，帮助商家更加直观地把握全局数据。作战室分主店版与单店版，区别在于主店版比单店版多了一个作战大屏——多店概况屏，最多可以绑定30个分店铺查看汇总销售额和销量排名前10的店铺名称和销售额。作战室主要具有三大功能：七大作战大屏、商品监控、竞店监控。作战室功能需要商家付费订购后才能使用。

（4）经营分析

生意参谋的经营分析功能涉及流量分析、品类分析、交易分析、内容分析、服务分析、营销分析、物流分析和财务分析等全方位的数据分析。单击首页顶部导航栏中对应的功能即可进入相应的数据分析板块，然后利用左侧导航栏便能查看相应的数据内容。图7-7所示为"流量纵横"页面。

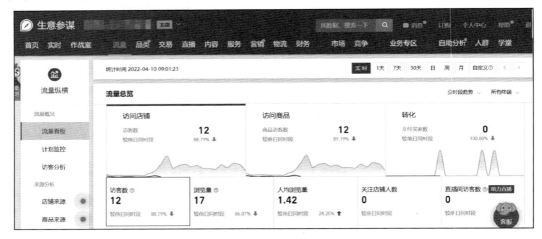

图7-7 "流量纵横"页面

（5）市场与竞争

生意参谋的市场与竞争板块主要用于查看市场行情和竞争对手的数据，商家可以根据需要选择是否订购这些板块或板块中的部分功能。在"市场"板块中，商家可以查看市场大盘数据、排行数据、搜索词数据、搜索人群数据等信息；在"竞争"板块中，商家可以分析竞店数据、竞品数据、品牌数据等信息。

## 2. CRM软件

随着信息化时代的到来，企业越来越意识到CRM的重要性，纷纷借助信息化的手段来管理自己的客户，CRM也成为企业追捧的对象。电子商务中涉及的CRM多指CRM软件。商家利用它挖掘既有数据及潜在数据（如客户购买价格、购买偏好、购买种类、消费特征等），以客户为中心，了解客户需求，对客户提供个性化、一对一的服务，实现节约人力成本、降低使用成本和提升营销效果的目的。

（1）CRM软件运营指标

由于CRM软件主要是针对客户的数据管理软件，所以其运营指标包括以下7个方面的内容。

① 客户概况分析：客户消费的层次、风险、爱好、习惯等。

② 客户忠诚度分析：分析客户对某个商品或商业机构的信用程度、持久性、变动情况等。

③ 客户利润分析：分析不同客户所消费的商品的边缘利润、总利润和净利润等。

④ 客户性能分析：分析不同客户所消费的商品按种类、渠道、销售地点等指标划分的销售额。

⑤ 客户未来分析：分析消费者数量和类别等情况的未来发展趋势、争取客户的手段等。

⑥ 客户商品分析：分析商品设计、关联性、供应链等。

⑦ 客户促销分析：分析广告和宣传等促销活动的管理。

（2）CRM软件的使用

在电子商务的实际应用中，CRM软件最常用的功能是查看商家各店铺的销售数据和客户数据等。CRM软件产品众多，下面以比较常用的商派CRM为例进行介绍。

首先，企业需要在商派官方网站注册成为CRM客户，然后将企业的电子商务网站与CRM进行数据连接，这样，企业需要查看相关数据时，可进行以下操作。

步骤一：登录商派CRM网站，单击右上角的"用户中心登录"按钮，如图7-8所示。

图7-8 商派CRM首页

步骤二：打开商派CRM登录页面，如图7-9所示，在"手机号码""登录密码"文本框中输入对应内容，单击"登录"按钮。

图7-9 商派CRM登录页面

步骤三：打开商派CRM管理页面，在左侧的任务导航栏中单击对应的选项卡，即可查看产品速递、副利速递、我的商派等信息，如图7-10所示。

图7-10　商派CRM管理页面

## 7.2.2　行业数据分析工具

### 1. 百度指数

百度指数是以百度海量网民行为数据为基础的数据分析平台，是当前互联网乃至整个数据时代最重要的统计分析平台之一，自发布之日起便成为众多企业进行营销决策的重要工具。百度指数的主要功能包括基于关键词的趋势研究、需求图谱和人群画像等。用户登录百度指数网站后，即可在搜索框中输入关键词。

（1）趋势研究——引入海量数据

百度指数的PC趋势积累了2006年6月至今的数据，移动趋势展现了从2011年1月至今的数据。用户不仅可以查看近7天、近30天的单日指数，还可以自定义时间查询。例如，输入关键字"智能锁"，单击"开始探索"按钮即可在网页中查看相关数据。

① 搜索指数。

搜索指数默认显示输入的关键词在全国范围内近30天的"PC+移动"端的搜索指数趋势图，以及各种日均值和同比、环比数据，如图7-11所示。此外，用户在页面右上方可手动设置统计周期（如近7天、近30天、近90天等）、终端来源（如PC、移动、PC+移动等）和统计范围。

在"趋势研究"页面左上方单击"添加对比"按钮，在弹出的文本框中输入其他关键词，如"指纹锁"，单击"确定"按钮。此时页面中可同时显示两个关键词的搜索指数，如图7-12所示。

② 资讯关注。

进入"资讯关注"板块默认进入"资讯指数"页面，该页面显示输入的关键词在全国范围内近30天的资讯指数趋势图，以及日均值、同比和环比数据，如图7-13所示。

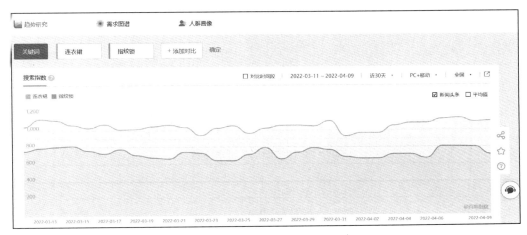

图7-11 "搜索指数"页面

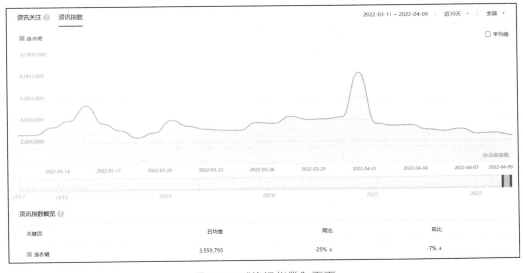

图7-12 搜索指数对比

图7-13 "资讯指数"页面

（2）需求图谱——直接表达消费者需求

每一个消费者在百度的检索行为都是其意愿的主动展示，每一次的检索行为都可能成为该消费者消费意愿的表达，百度指数的需求图谱基于语义挖掘技术，呈现关键词背后隐藏的关注焦点、消费欲望。需求图谱能够显示消费者最近7天通过搜索关键词关注的内容。图7-14所示为"智能锁"需求图谱。从该需求图谱可以看出，消费者对酒店锁、家庭安防、智能门锁、指纹锁代理等关注比较多。另外，需求图谱下方还显示了相关词的搜索热度和搜索变化率，如图7-15所示。

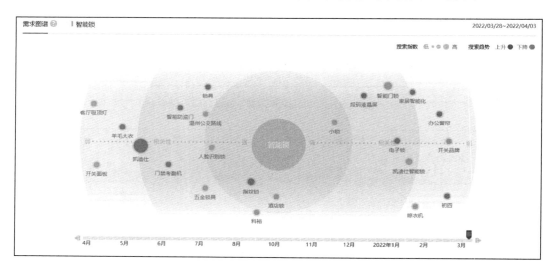

图7-14 "智能锁"需求图谱

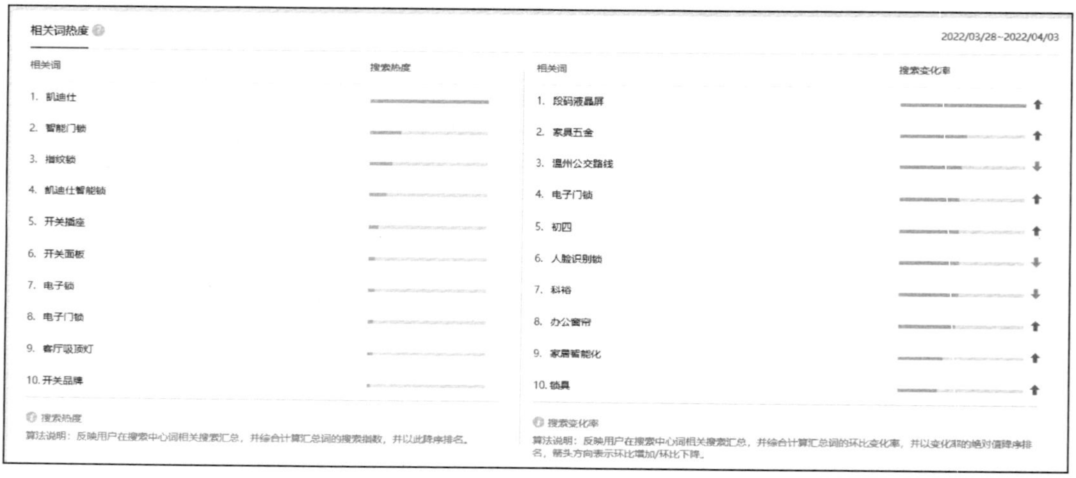

图7-15 "相关词热度"页面

（3）人群画像——立体展现

百度指数的人群画像功能可对关键词的地域分布、人群属性、兴趣分布进行分析。其中，地域分布显示关键词在各省区市的排名情况；人群属性显示关键词在各年龄段和不同性别人群中的搜索分布情况，如图7-16所示；兴趣分布则显示各兴趣类目下搜索关键词的人群占比，如图7-17所示。

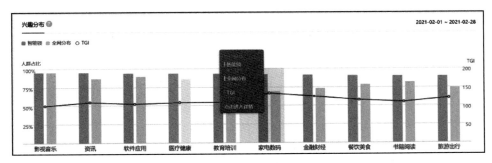

图7-16　"人群属性"页面

图7-17　"兴趣分布"页面

## 2．微信指数

微信指数是以微信数据为基础的移动端指数。现阶段，微信指数以内嵌于微信中的小程序形式存在，便于微信用户了解关键词搜索热度，可帮助企业更好地掌握实时舆情。那么如何查看微信指数？

步骤一：点击微信页面最上端的搜索窗口，输入"微信指数"来获取该功能，如图7-18、图7-19所示。

图7-18　搜索窗口

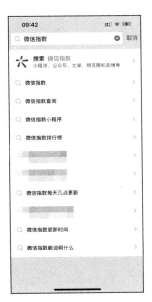

图7-19　输入"微信指数"

步骤二：在这个功能页面输入某个关键词，就可以获得这个字段当日、7日、30日以及90日在微信内的热度情况，如图7-20、图7-21所示。

图7-20　输入关键词

图7-21　关键词热度情况

微信指数的意义主要包括捕捉热词，看懂趋势；监测舆情动向，形成研究结果；洞察用户兴趣，助力精准营销。

（1）捕捉热词，看懂趋势

微信指数整合了微信上的搜索和浏览行为数据，基于对海量数据的分析，用户可以获得当日、7日、30日以及90日的关键词动态指数变化情况，便于查看某个词语在一段时间内的热度趋势和最新指数动态。

（2）监测舆情动向，形成研究结果

微信指数可以提供社会舆情的监测，能实时反映互联网用户当前最为关注的社会问题、热点事件、舆论焦点等，方便政府、企业对舆情进行研究，从而形成有效的舆情应对方案。

（3）洞察用户兴趣，助力精准营销

微信指数提供的关键词的热度变化可以间接反映用户的兴趣点及其变化情况，如日常消费、娱乐、出行等的变化，从而为企业的精准营销和投放提供决策依据，也能对广告投放效果形成有效的监测、跟踪和反馈。

### 3. 百度统计

百度统计是移动智能时代移动端全形态的专业、免费数据统计与分析平台。使用百度统计，应先通过百度账号登录百度统计网站，百度统计登录页面如图7-22所示；登录成功后将跳转到完善信息页面，填写个人信息后，单击"同意以下协议并开通"按钮即可开通百度统计服务，如图7-23所示；此时将打开"新增应用-创建应用"页面，填写应用的基本信息，包括应用类型、平台、应用名称．内容分类及描述等，如图7-24所示；单击"创建应用"按钮，获取应用的唯一识别码，然后在打开的"新增应用-集成SDK"页面中按照步骤提示完成SDK接入配置，如图7-25所示。完成配置后即可进入百度统计平台。

图7-22　百度统计登录页面

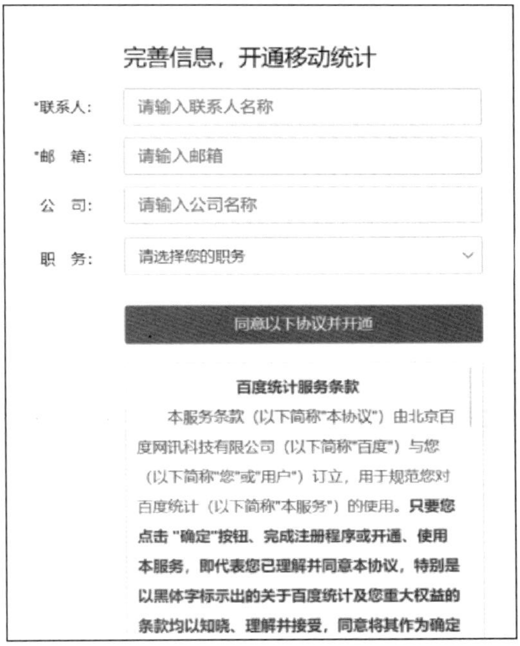

图7-23　完善信息页面

进入百度统计平台后，默认显示"分析"页面，如图7-26所示。在"分析"页面左侧的导航栏中即可看到App等移动应用的数据统计分析板块，包括定制分析、用户分析、使用行为等数据分析项目，几乎囊括了移动应用的所有数据指标。可视化方式展现的数据能够有效协助用户进行移动应用的产品运营。

图7-24 "新增应用–创建应用"页面

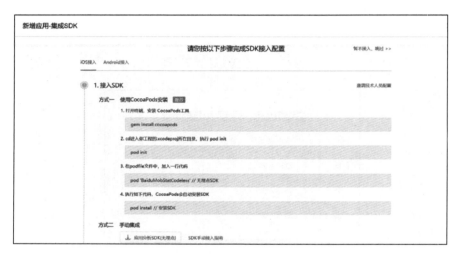

图7-25 "新增应用–集成SDK"页面

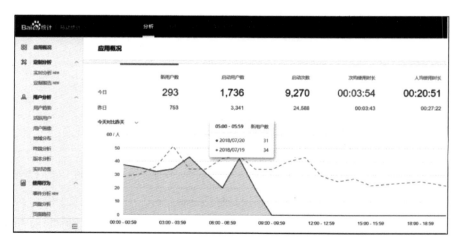

图7-26 百度统计"分析"页面

# 7.3 移动电子商务数据分析的方法

## 7.3.1 直接观察法

直接观察法指利用各种移动电子商务平台内的数据分析工具和第三方数据分析平台的数据分析功能,通过绘制相关图表,直接观察数据的发展趋势,找出异常数据,对消费者进行分析等。这种方法是最基本的移动电子商务数据分析方法之一。

例如,目标客户数据通常会涉及目标客户的地域分布、性别占比、年龄结构占比、职业领域占比等数据指标,商家可以借助指数工具对整个行业的目标客户数据进行采集。在第三方平台开店的商家还可以通过平台提供的数据分析工具进行平台中行业目标客户的数据采集。以在淘宝开店为例,商家可以通过平台提供的生意参谋工具,在"行业客群"板块采集目标客户的地域分布、职业特征等数据,分别如图7-27、图7-28所示。

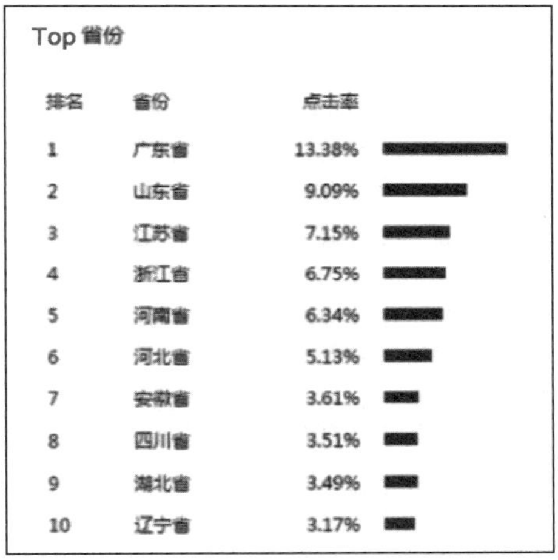

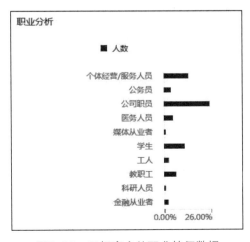

图7-27 目标客户的地域分布数据

图7-28 目标客户的职业特征数据

## 7.3.2　AB测试法

在移动电子商务数据分析中，为了达到某个目标而进行多个方案并行测试，每个方案仅有一个变量不同，通过测试比较这些方案的不同，可以选出最优方案，这就是AB测试法。

AB测试法的经典应用就是淘宝直通车创意设计。例如，对直通车图片进行优化时，一般是先对当前图片进行分析，并提炼现有的创意要素，然后分析各要素的表现情况。如果发现某张图片点击率较低，并认为可能是文案不理想导致的，此时可以测试另一种效果更好的文案；如果发现图片点击率较低是因为拍摄有问题，则可以测试另一种拍摄方案等。利用AB测试法可以不断地进行分析和猜想，并得到优化的策略，制作出新的图片，然后将新图片与旧图片在直通车中进行轮播测试，一段时间后就可以提取测试数据，通过分析和总结创意数据，可以确定猜想是否正确，以及优化方向是否正确。

AB测试法的优点在于"可控"，它建立在原有基础之上，即使新方案不行，也会有旧方案保底，直到新方案可行后才予以替换，不至于没有方案执行。

## 7.3.3　对比分析法

孤立的数据没有意义，有对比才有差异。对比分析法是将两个或两个以上的数据进行比较，并查看不同数据的差异，以了解各方面数据指标的分析方法。在移动电子商务数据分析中，我们经常会用到对比分析法，如进行竞争对手分析时，就会将自己的数据与竞争对手的数据进行比较，以了解各自的优势与劣势，进而制订相应的策略。对于移动电子商务数据分析而言，对比分析法可以从以下几个方面进行对比。

（1）不同时期的对比

对不同时期的数据往往可以进行环比和同比，如对比本月销售额与上月销售额，就能知道本月销售的增减情况和增减幅度。

（2）与竞争对手或行业大盘的对比

将自身数据与竞争对手或行业大盘的数据进行对比，能直观了解自身在行业中所处的位置，并进一步分析出现问题的地方。例如，发现自己的成交转化率比竞争对手的低很多，就可以分析影响成交转化率的各种因素，找到成交转化率低的原因并采取解决措施，以提高成交转化率。

（3）优化前后的对比

在移动电子商务运营过程中，我们会非常频繁地调整工作，如修改标题关键词、优化图片及修改详情页内容等。如果不进行优化前后对比，就无法判断调整是否有效，或者效果是否明显等。很多移动电子商务运营者不会进行优化前后的对比，特别是当优化后销售额有一定的增长时，就会下意识地认为优化后的情况比优化前的情况更好，而忽略了其他影响销售额的因素。

（4）活动前后的对比

为促进销售，提高销售额，移动电子商务企业往往会不定期地开展各种活动，这就需要运营者对活动前后的各项数据指标进行对比，这样才能判断活动开展是否有效，以及活动策划的优点和问题在哪些地方，以便为下一次活动提供更好的数据支持，进一步提高活动的质量和提升活动的效果。

### 7.3.4 拆分分析法

拆分分析法是指将一个大的问题拆分为一个个小问题，最终获得更加全面的数据，进而快速找到问题产生的原因。这种方法适用于对有直接联系的问题进行分析。例如，销售额主要与访客数、客单价和转化率等数据有关，因此如果发现移动端店铺的销售额发生变化，可将销售额拆分为这3个数据，再分别对每一个数据进行细分，如图7-29所示。对拆分后的数据进行分析，可以直观地看出问题产生的原因，从而可以采用适当的方法解决问题。

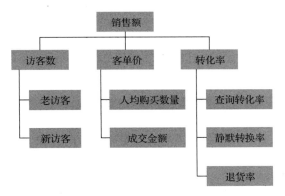

图7-29 拆分分析法示意图

### 7.3.5 漏斗分析法

漏斗分析法是一套流程式数据分析方法，它能够科学地反映用户行为状态以及从起点到终点各阶段的用户转化情况。通过漏斗分析法，企业可以按照先后顺序还原某一用户的行为路径，分析每一个转化节点的转化数据，有效定位高损耗节点。无论是注册转化、企业激活转化还是购买转化，都需要重点关注哪一环节流失的用户最多，流失的用户都有哪些行为。

图7-30所示为经典的营销漏斗图，它形象地展示了从选购到支付整个流程中的一个个子环节。相邻环节的转化率就是用来量化每一个步骤的表现的数据指标。漏斗分析法就是先将整个购买流程拆分成一个个步骤，然后用转化率来衡量每一个步骤的表现，最后通过异常的数据指标找出有问题的环节，从而解决问题，优化该步骤，最终达到提高整体购买转化率的目的。

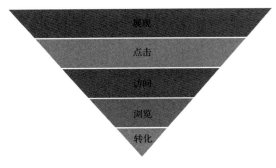

图7-30 经典的营销漏斗图

# 7.4 移动电子商务数据分析的主要内容

## 7.4.1 用户行为数据分析

用户行为数据分析也就是通常所说的用户画像，用户画像又称为用户角色，最初就是在电子商务领域得到应用的。在大数据背景下，用户信息充斥于网络中，将用户的每个具体信息抽象成标签，并利用这些标签将用户形象具体化，可以为用户提供更有针对性的服务。如今，用户画像作为一种勾画目标用户特征、联系用户诉求与设计方向的有效工具，已经在各个领域得到广泛的应用。以生意参谋为例，"访客分布"板块展示了访客人群的淘气值分布、性别分布、消费层级及店铺新老访客等，如图7-31所示。

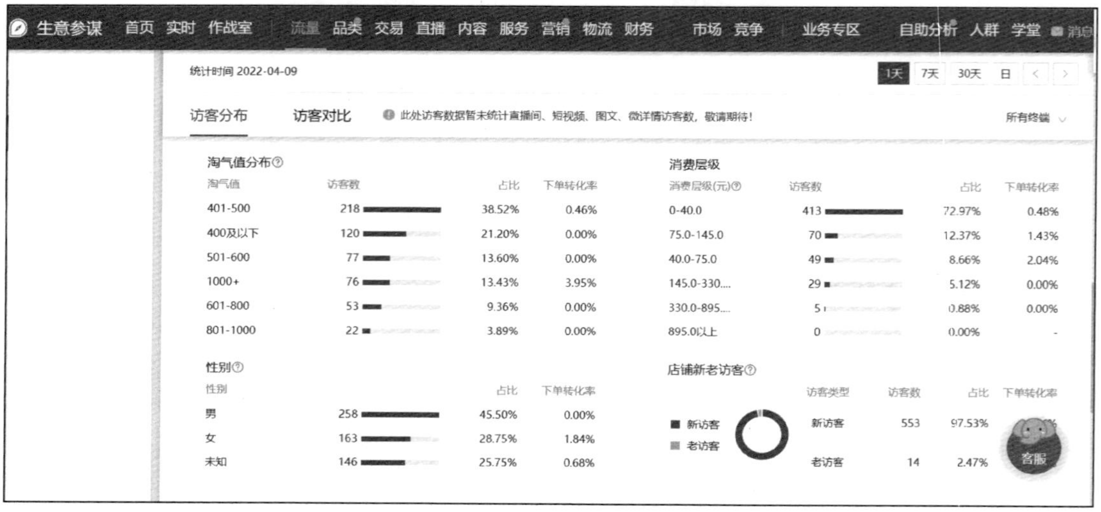

图7-31 用户画像数据

### 1. 用户画像的作用

对于移动电子商务而言，每次营销都是为特定的用户提供服务而存在的，不存在营销内容适合每一个人的情况。用户画像作为一种虚拟存在的形象，并不是运营者脱离实际虚构出来的，而是依据一群有代表性的用户和目标受众的各类数据总结而来的。用户画像的主要作用如下：①用户画像是海量数据的标签化，可以帮助企业更精准地解决问题；②用户画像贯穿品牌、产品、营销全过程，通过构建人物模型，可以更清晰地指导企业制订策略。

用户画像最核心的目的就是给用户贴上标签，从而实现数据的分类统计，如江苏地区的用户有多少、喜欢跳舞的用户有多少、男性用户和女性用户分别占比多少、已婚的用户有多少等信息标签。利用用户画像数据除了可以做简单的数据分类统计之外，还可以进行关联数据计算和聚类数据分析等。例如，在江苏地区的女性用户占多大比例，在江苏地区的用户年龄分布情况、婚育情况等。用户画像为运营者带来了更为便利、更为精准的数据结果，让运营者在投放广告、投放平台内容的时候，能够更准确地抓住用户的心理，将用户想要的信息投放出去。

### 2. 用户画像的构建步骤

为了让用户画像工作有秩序、有节奏地进行，我们可以将用户画像的构建分为以下3个步骤：基础数据采集、分析建模、用户画像呈现，如图7-32所示。

图7-32 用户画像的构建步骤

（1）基础数据采集

数据是构建用户画像的核心依据，一切没有建立在客观数据基础上的用户画像都是虚幻的。在基础数据采集环节，我们可以先通过列举法列举出构建用户画像所需要的基础数据。基础数据列举如表7-1所示。

表7-1 基础数据列举

| 一级维度 | 二级维度 | 数据举例 | 数据来源 |
|---|---|---|---|
| 宏观层 | 行业数据 | 用户群体的社交行为、用户群体的网络喜好、用户群体的行为洞察、用户群体的生活形态调研 | 行业研究报告 |
| | 用户总体数据 | 用户总量、不同级别用户分布、用户活跃情况、转化数据 | |
| | 总体浏览数据 | 页面浏览量、独立访客数、访问页面数 | |
| | 总体内容数据 | 社区产品的用户发帖数据（包含主题数、回复数、楼中楼等数据）、不同级别用户发帖数据等 | |
| 微观层 | 用户属性数据 | 用户终端设备及网络运营商，用户的年龄、性别、职业、地域、兴趣爱好等分布 | 前台和后台，第三方数据平台 |
| | 用户行为数据 | 用户的黏性数据：访问频率、访问时间间隔、访问时段 | |
| | | 用户的活跃数据：用户的登录次数、平均停留时间、平均访问页面数 | |
| | | 用户的留存数据 | |
| | 用户成长数据 | 网络使用习惯 | |
| | | 产品使用习惯 | |

上表列举的数据维度比较多，在构建用户画像的过程中，我们应根据需求进行数据筛选。在基础数据采集环节，我们会通过收集一手资料和二手资料获取相应的基础数据，如表7-2所示。

表7-2 基础数据采集示例

| 资料性质 | 资料类型 |
|---|---|
| 一手资料 | 问卷调研情况、用户访谈情况；<br>产品前台反馈的数据和用户行为；<br>产品后台数据 |
| 二手资料 | 研究报告；<br>文献资料 |

基础数据有3个方面的来源：相关的文献资料和研究报告，产品前台、后台数据，问卷调研和用户访谈。

（2）分析建模

在用户画像所需要的基础数据采集完毕后，我们需要对这些数据进行分析和加工，提炼关键要素，构建可视化模型。例如，某产品面向的是"95后"用户群体，运营者就需要了解整个"95后"用户群体的性格特征、行为喜好等，通过搜索可以获取以下资料。

① 企鹅智库《透视"95后"：新生代社交行为报告》。

② QQ空间独家大数据《"95后"新生代社交网络喜好报告》。

③ 腾讯QQ《"95后"兴趣报告》。

④ 中文互联网数据资讯网《"95后"求职意愿调研》。

运营者需要对这些报告进行分析和关键词提炼，概括出整个"95后"用户群体的标签，如图7-33所示。

图7-33 "95后"用户群体标签

假如你要构建社区产品的用户画像，那么可以对用户等级数据、用户行为数据和用户贡献数据等进行分析并建立相应的用户模型。例如，某K12领域社区用户分布和需求模型如图7-34所示。

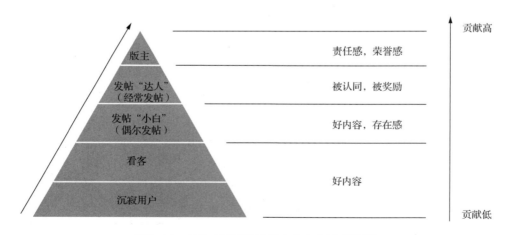

图7-34 某K12领域社区用户分布和需求模型

（3）用户画像呈现

构建用户画像就是给目标用户群体贴标签，可从显性特征和隐性特征两个方面来进行，因此，整个用户画像的呈现也需要从这两个方面来进行。以某在线教育（K12领域）社区为例（部分内容）用户显性特征从年龄、性别、关注点、性格特征、上网习惯、生活状态等方面进行分析。用户多为"95后""00后"，男性用户占比较高，关注点集中于学习、考试、交友、兴趣爱好和上大学，性格特征集中于理想自我多元化、个性化、不盲从、自信乐观等，上网习惯集中于以手机上网为主、以流量为主、QQ重度用户，生活状态集中于学习考试、娱乐种类单一等。用户隐性特征主要从成长路径、主要目的、偏好、需求等方面进行分析。

构建用户画像的目的是充分了解用户，进而为产品设计和运营提供参考。因此在接触一个新产品的时候，构建用户画像是了解用户的最好方式。另外，构建的用户画像一定是为运营规划、运营策略制订服务的，如果做出来的用户画像无法指导产品设计或者无法为运营规划及策略制订提供参考，那么这个用户画像就是失败的。

## 7.4.2　市场行情数据分析

市场行情数据分析是对市场供需变化的各种因素及其动态、趋势的分析，店铺可以依托其所在平台的历史和实时数据来展现并分析市场行情。市场行情数据主要来源于国家统计局、行业协会、数据公司发布的行业统计数据、行业调查报告等。艾瑞咨询发布的《2020年中国生鲜电商行业研究报告》提供我国生鲜电商行业2015—2019年市场交易规模数据和2020—2023年市场交易规模的预测数据，同时也提供了对应的增速与生鲜电商在网络购物的渗透率的数据和预测数据，如图7-35所示。

图7-35　2015—2023年我国生鲜电商行业市场规模

对移动电子商务而言，市场行情分析的目的主要是分析市场规模、市场发展方向、行业周期和消费者层级等。通过分析市场规模，商家可以了解市场的大小，这可以帮助商家为进入市场做好相应的准备。通过分析市场发展方向，商家可以发现消费者的需求情况，进而分析商品品类，还可以在一定程度上了解竞争对手的情况。通过分析行业周期，商家能够更加清楚行业的周期变化情况，有利于控制并调整运营策略。通过分析消费者层级，商家能更准确地找到店铺应该针对哪种层级的消费者，并进行有针对性的运营、营销、沟通与维护。下面主要从市场容量、行业趋势和市场潜力3个方面来介绍市场行情数据分析。

（1）市场容量

市场容量也叫市场规模，可以理解为一定时期内一个品类或行业在某个范围内的市场销售额。分析市场容量大小，有利于制订运营计划与目标。例如，某个行业的市场销售额在2 000万元左右，如果不清楚该行业的市场容量，草率地制订3 000万元的销售额目标，或计划2 000万元的推广费用，那么就会造成无法完成销售额目标或入不敷出的后果。

（2）行业趋势

行业趋势即行业生命周期。处于行业生命周期的不同阶段时，运营者要采取不同的运营策略。例如，处于行业的导入期或成长期，此时市场竞争力不足，行业增长迅速，可以加快市场推进速度，迅速占领市场；如果处于行业的成熟期，则市场基本已被行业巨头抢占，此时进入则需要考虑通过差异化的产品和服务抢占细分市场；如果处于行业的衰退期，则应考虑提前处理库存，准备好退出机制。

（3）市场潜力

市场潜力是指在某种市场环境下，对市场需求所能达到的最大数值的测算。市场潜力决定了市场的未来发展空间和竞争力度，这是一个非常重要的市场行情数据分析因素。市场潜力可以利用蛋糕指数进行分析，指数越大则市场潜力越大。

## 7.4.3　店铺运营数据分析

店铺运营会产生数据，每一个运营者都要对店铺运营数据足够了解，这样才能弄清店铺的问题所在，通过对店铺运营数据进行分析才能制订出正确的运营策略。因此，学会店铺运营数据分析是做好店铺运营的重中之重。下面主要从流量数据和商品销售数据两个方面来介绍店铺运营数据分析。

### 1．流量数据

流量是店铺能否在激烈的移动电子商务竞争中存活下来的关键因素。没有流量就表示店铺无人问津，即使商品质量再好也无济于事。因此，流量数据是商家关注的焦点，如何引流也成了众多商家需要解决的问题。流量数据是重要的监控对象。按照收费方式，流量可以分为免费流量和付费流量。

（1）免费流量

① 关键词搜索带来的流量是指店铺没有付费做广告推广，买家通过关键词搜索等途径进入店铺而引入的流量。这类流量是店铺最想要的流量，免费流量成本低，精准度较高。卖家都希望自己的商品能出现在搜索页最显眼的位置上，因为显眼，点击量就大，获得的免费流量也就越多。但是，任何商品都有一定的生命周期，要想商品时时刻刻都排名靠前不太现实。多数卖家的做法是将店铺中商品的生命周期错开，这样即使有一款商品进入衰退期，也会有新的商品跟上，进而维持店铺的免费流量。

② 自主访问流量是指买家自己主动访问店铺而引入的流量。这样的买家通常之前在该店铺中已经有过成功的交易经历，因此才会通过直接访问、收藏商品/店铺、加入购物车等渠道回访该店

铺，这样的流量十分稳定且转化率很高。另外，买家之所以会再次进店购物，是因为他们对店铺中的商品的质量和价格比较满意，这时只要卖家及时维护好和他们的关系，就会产生一定的复购或转介绍订单，这在无形中又增加了新的流量。

③ 站外免费流量大多来自贴吧、论坛、微博等，卖家可以自己发帖推广，也可以雇用别人发帖推广。这种流量的精准度不高，效果也得不到保证。

（2）付费流量

付费流量是指通过投放广告、按点击率计算费用等方法引入的买家流量。这样的流量精准度高，付费就可以得到。淘宝网上的付费流量大多来自淘宝客、直通车，以及淘宝的各种活动等。由于付费流量会增加成本，所以卖家需要仔细斟酌，以免投入产出失衡。

流量关系到店铺的生死存亡，然而流量入口众多，类型各异，当店铺流量出现问题时，卖家要有一个清晰的解决思路。当发现流量在下降时，卖家就应查看各类型流量的数据，分析不同类型流量的数据趋势，找出问题，弄清导致这类流量出现波动的因素，找到关键所在，最后对症下药。

### 2. 商品销售数据

商品销售是一个需要不断完善和优化的过程，商品在不同时期、不同展示位置、不同价格区间，其销量都会有所不同，卖家需要根据不同情况进行及时调整。商品销售数据是店铺数据分析需要实时关注的重点。在店铺后台"交易管理"板块，卖家可以查看店铺的销售数据。很多移动电子商务平台都提供了工作数据与交易订单的下载功能，数据采集人员可在"交易管理"板块对所需的订单信息进行下载或摘录，如图7-36所示。

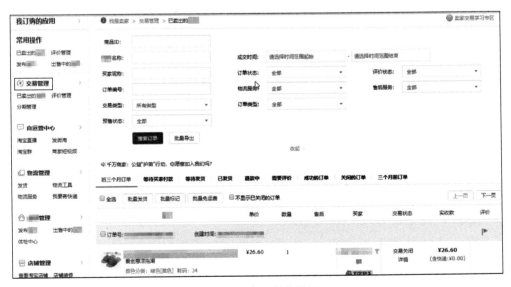

图7-36　商品销售数据

以生意参谋为例，卖家在生意参谋"品类"下的"品类360"板块不仅可以查看到商品浏览量、商品加购人数、商品加购件数等用户行为数据（见图7-37），还可以看到商品收藏量、支付买家数等其他用户行为数据。

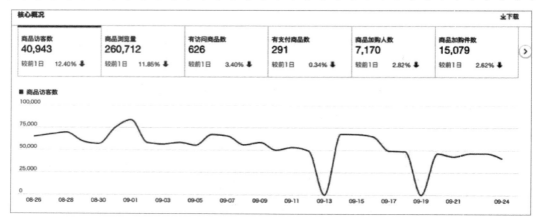

图7-37 商品概况

商品销售数据主要有以下几个关键指标。

① 页面浏览量。页面浏览量是指店铺的商品页面被查看的次数。访客多次打开或刷新同一个商品页面，该指标值会累加。想让访客购买店铺中的商品，毫无疑问，首先要做的就是让他们看到该商品，商品的浏览量越大才越有可能提高销量。

② 独立访客数。独立访客数指通过互联网访问、浏览这个网页的人。这个指标通常用来判断商品页面的流量情况，卖家可以据此进行相应的策略调整。

③ 咨询人数。咨询人数指的是浏览了商品页面后进行咨询的人数。

④ 跳出率。访客进入商品页面后，就要看跳出率这个指标了。跳出率越高，说明商品页面问题越大，卖家就要从商品页面的图片、描述、价格等方面去改进。

⑤ 收藏类数据。收藏类数据主要包括单品的收藏数据和店铺的收藏数据。访客进入店铺即使没有下单购物，但只要收藏了商品或者是店铺，就证明该访客对商品或店铺是感兴趣的，有购买意向。当该访客从自己的收藏中再次进入店铺时，达成交易的可能性就很高了。不论是收藏商品还是收藏店铺，都可以为店铺带来自主访问流量，而自主访问流量的转化率往往是比较高的。

## 7.4.4 营销推广数据分析

对营销推广数据进行有效分析，可以帮助卖家找到店铺推广中的优势与不足，从而优化、调整相关推广策略和内容，提升推广效果。现在，店铺之间的竞争越来越激烈，卖家在店铺运营中需要更加重视营销推广数据分析。卖家进行营销推广数据分析，可以更精准地预测市场需求，更好地满足客户的需求，从而牢牢地把握住客户，把握住市场，增强店铺的核心竞争力。

店铺推广的核心目标是商品销售，但推广方式千差万别，不同的推广方式往往有不同的推广侧重点。例如，对于淘宝店铺，直通车、淘宝客等的推广侧重点是商品的销售；而免费试用、智钻等更多地是为了提升品牌影响力，提高客户对商品、品牌的认可度，进而提高商品销量。推广效果数据指标通常包括展现量、点击量、花费、点击率、平均点击花费、直接成交金额、直接成交笔数、间接成交金额、间接成交笔数、收藏商品数、收藏店铺数、投入产出比、总成交金额、总成交笔数、点击转化率、直接购物车数、间接购物车数、总购物车数等。下面主要从直通车数据分析、淘宝客数据分析和智钻数据分析3个方面讲解营销推广数据分析。

### 1. 直通车数据分析

在移动电子商务平台中，推广工具通常都会采集推广数据，提供相应的数据报表，卖家可以通过所使用的推广工具进行报表下载并整理摘录相关数据。直通车作为淘宝与天猫推广的中流砥柱，其推广技术是卖家在店铺运营过程中必须掌握的。直通车有精准的流量入口，可以为店铺带来精准的流量，而且其应用范围广，门槛相对较低，大部分淘宝与天猫卖家可以使用。直通车推广渠道的数据可以从后台获取。首页会显示直通车当天推广的重要数据，如图7-38所示。在数据报表页面，卖家可以根据采集需求查询所需数据，如图7-39所示。

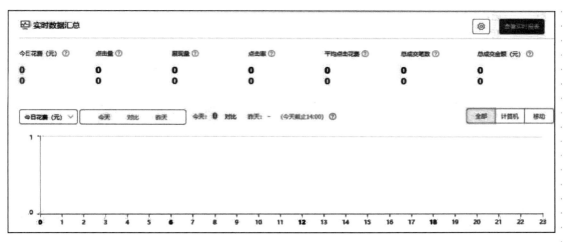

图7-38　直通车实时数据汇总

图7-39　直通车数据报表

现在，关键词竞价成本越来越高，同质化越来越严重，流量也越来越少。2018年，淘宝开发了"人群筛选"功能，以提高投放精准度，达到良好的推广效果。如果不使用该功能，直通车流量会非常有限，而且转化率和点击率也比较低，关键词搜索带来的流量会越来越少。

定向投放也是可以引入精准流量的。定向投放可以像直通车关键词一样，针对人群标签进行推送。系统会定期补充这些标签，卖家只需定向添加与商品比较匹配的标签并且出价。添加标签后，卖家可以对其进行测试，与测试关键词类似，出价后投放3~7天，观察定向标签数据，有转化和投产的标签属于表现比较好的定向标签。卖家对表现好的定向标签进行溢价操作，对表现不好的定向标签进行降价或者删除处理，这也是定向投放可以得到更精准流量的原因之一。

在整个定向投放过程中，卖家首先要考虑的是自己的商品究竟针对的是哪些用户，商品的标题、主图和属性能不能完全反映商品的特征；当商品通过定向投放展现给用户时，图片是不是足够吸引人，图片是不是有充分的理由吸引用户进行点击。设置精准人群投放有3个步骤，如图7-40所示。

图7-40　设置精准人群投放的3个步骤

### 2.　淘宝客数据分析

淘宝客是帮助淘宝卖家推广商品，并按照成交效果获得佣金的一类人。淘宝客推广是一种按成交计费的推广模式。淘宝客只要从淘宝客推广专区中获取商品推广代码，当买家利用淘宝客的推广代码进入淘宝卖家店铺并完成购买后，淘宝客就可以得到由卖家支付的佣金。

淘宝客推广作为主要的推广方式之一，与直通车、智钻的推广方式有很大的区别。现在比较火的直播、短视频等很多是以淘宝客的形式推广的。卖家有商品，淘宝客有资源，先成交后付费，风险可控，是卖家比较认同的一种推广方式。

### 3.　智钻数据分析

智钻是淘宝图片类广告位竞价投放平台，是为淘宝卖家提供的一种营销工具，它主要依靠图片创意吸引买家进行点击，从而使店铺获得巨大的流量，其最大特征是自动化及高效。大数据时代，缺的不是大数据，而是对大数据的整理。智钻利用大数据赋能，依靠阿里巴巴核心商业数据和庞大的媒体建立阿里巴巴消费大数据，有着其他平台无法媲美的大数据来源。智钻更是依靠自身的机器学习和优化后的算法，成了同行业的领先者。过去是人主动寻找信息，现在是信息自动匹配人，这一转变是时代的进步。利用大数据和智能技术打磨出的新的营销方式，大大减轻了卖家的商品销售负担，为卖家创造了一个新的、高效率的买卖方式。智钻基于大数据和营销数据的积累，模拟多元化的立体数据模型，自动筛选、增加、删除人群，时刻保持投放的人群是动态变化的，让系统根据目标人群的不同行为进行反馈，不但可以同步调整算法和人群，还可以保证数据投放的有效性。

智钻会根据买家的购买习惯和搜索习惯向其推荐商品，且更偏向于推荐有一定周期的商品、单价稍高一些的商品。智钻的核心作用有三点：精准人群触达、引爆单品流量和引爆活动流量。

**素养拓展** **移动电子商务数据的保密与防范**

在大数据时代，数据成为推动经济社会创新发展的关键生产要素。基于数据的开放与开发推动了跨组织、跨行业、跨地域的协助与创新，催生出各类全新的产业形态和商业模式，全面激活了人类的创造力和生产力。

然而，数据在为组织创造价值的同时，也使组织面临着严峻的安全风险。一方面，数据经济发展特性使得数据在不同主体间的流通和加工成为不可逆转的趋势，由此打破了数据安全管理边界，弱化了管理主体的风险控制能力；另一方面，随着数据资源商业价值的凸显，针对数据的攻击、窃取、滥用、劫持等活动泛滥，并呈现出产业化、高科技化和跨国化等特性，对国家的数据生态治理水平和组织的数据安全管理能力提出了全新挑战。因此，我国公民需要具备法律意识，遵守个人隐私和数据保密等法律法规，在数据采集过程中做到不侵权、不违法。

# 第8章

## 移动电子商务客户关系管理

**知识结构图** ↓

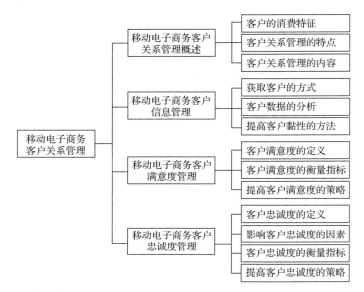

移动电子商务客户关系管理
- 移动电子商务客户关系管理概述
  - 客户的消费特征
  - 客户关系管理的特点
  - 客户关系管理的内容
- 移动电子商务客户信息管理
  - 获取客户的方式
  - 客户数据的分析
  - 提高客户黏性的方法
- 移动电子商务客户满意度管理
  - 客户满意度的定义
  - 客户满意度的衡量指标
  - 提高客户满意度的策略
- 移动电子商务客户忠诚度管理
  - 客户忠诚度的定义
  - 影响客户忠诚度的因素
  - 客户忠诚度的衡量指标
  - 提高客户忠诚度的策略

**学习目标** ↓

- 了解移动电子商务环境中客户的消费特征、客户关系管理的特点。
- 了解移动电子商务客户信息管理的相关知识。
- 了解移动电子商务客户满意度管理和客户忠诚度管理的相关知识。

扫一扫

学思融合

**素养目标** ↓

- 培养保护客户信息的法律意识，避免非法泄露客户信息。

**导入案例**　　　　　　**叮咚买菜"三线三定"，提升客户服务水平**

　　2017年5月上线的叮咚买菜是一款自营生鲜平台App，致力于通过产地直采、前置仓配货和最快29分钟配送到家的服务模式，通过技术驱动产业链升级，为客户提供品质确定、时间确定、品类确定的生鲜消费体验。在激烈的生鲜电商领域，叮咚买菜是如何做到脱颖而出的呢？

叮咚买菜主要基于"三线三定"的供应链管理，来不断提升客户服务水平，才能在激烈的市场竞争中脱颖而出，成为生鲜电商行业的一匹"黑马"。

1. 三线

（1）"7+1"品控线

菜品新鲜程度、质量和安全是生鲜电商的立身之本。叮咚买菜从成立之初就严格管控菜品质量，基本上按照1∶1的比例配备品控人员。目前，叮咚买菜已经形成货源品控、加工仓品控、加工过程品控、前置仓品控、巡检品控、分拣品控、客户品控以及售后服务"7+1"品控管理流程。

货源品控：专业采购团队每天到直采、直购源头现场采购，保障菜品源头质量。

加工仓品控：新鲜菜品运至加工仓后进行第二次品控筛选，筛选完成后再验收入库。

加工过程品控：菜品加工分装时实施第三次品控。

前置仓品控：加工完成的菜品运送到各个前置仓时进行第四次品控，验收合格方可入库。

巡检品控：前置仓每天对在库菜品进行两次巡检，发现问题菜品及时登记上传平台并清理出库。

分拣品控：前置仓收到订单后，在拣货时对菜品质量进行最后一道把关，确保出仓菜品质量合格。

客户品控：配送人员将菜品送达客户时，主动提醒客户查验所购菜品。如客户对菜品质量不满意，可直接退货。

售后服务：客户可无条件退货，退货速度极快，即"秒退秒换"。叮咚买菜还通过微信群与客户沟通，及时反馈客户体验和建议等。

（2）供应线

通过大数据分析预测市场需求，叮咚买菜可为供应商提供及时、准确的市场信息，优化菜品供应品类，从而实现供给与需求的高效匹配。

采供、配送高效：叮咚买菜采用"总仓+前置仓+到家"模式，菜品采供和配送效率更高。首先，由专业采购团队负责集中采购，菜品采购成功后运送至总仓，总仓统一加工分装后运送至各前置仓。然后，前置仓建在社区周边1千米左右的区域内，面积200～300平方米，可有效覆盖周边1～3千米范围内的2万～3万个客户。最后，自建物流配送体系奠定了其配送效率优势，因此能够承诺"客户下单后29分钟内送达"。

菜品采购优质低价：《叮咚买菜2020年产地笔记》数据显示，其农产品直供基地已达350个，直采商品占采购总量的85%。产地源头直采不仅能够保障菜品质量、降低采购价格，还缩短了供应链，避免因中转环节过多带来的损耗，为上游供应商增加了利润空间，从而保持供应商队伍的长期稳定。

（3）数据线

在供应端，运用大数据技术对不同区域的市场需求进行科学预测，帮助供应商合理调整菜品生产供应品类和产量，避免信息不对称导致的盲目生产和货品积压风险，降低了滞销率。

在配送端,运用大数据分析,确定前置仓选址以及不同区域的前置仓库存量、物流配送力量等,尽可能实现前置仓库存与客户需求相匹配;同时,通过数字化运营平台智能规划配送路线,保证客户在任何时间、地点均能及时收到新鲜菜品。

在客户端,数字化运营平台的大数据模型可根据平台积淀的客户喜好、购买习惯等信息进行客户画像,通过向客户精准推送菜单的形式帮助其解决"吃什么""怎么吃"等问题,培养客户对叮咚平台的使用习惯和忠诚度,增强客户黏性,提高复购率。

### 2. 三定

#### （1）品质确定

叮咚买菜的"前置仓＋到家"模式,能够有效保障菜品的品质。前置仓距离客户越近,客户下单后的配送速度快,能够保证菜品的新鲜度。

#### （2）时间确定

传统生鲜电商采用的大仓送货时间不好确定,容易给客户带来麻烦。如客户订购的菜品要在做饭时使用,但是配送员在饭点过后才送达,这样就会耽误客户的做饭时间,由此带来极差的购物体验。叮咚买菜的前置仓离客户近,有效地解决了送货时间不确定的问题,"客户下单后29分钟内送达"能够保证客户在电饭煲蒸饭未熟时就收到所订菜品。

#### （3）品类确定

叮咚买菜前置仓面积为200—300平方米,专门用于储存生鲜商品,使得有限的空间内可以存储尽可能多的菜品,满足客户的多品类需求。

# 8.1 移动电子商务客户关系管理概述

在移动互联网时代,用户可以通过智能手机、便携式计算机等移动设备随时随地参与客户关系的管理过程。移动电子商务客户关系管理主要包含以下3个方面内容:第一,客户的消费特征;第二,客户关系管理的特点;第三,客户关系管理的内容。

## 8.1.1 客户的消费特征

### 1. 随时随地

相比PC端的网络购物,移动端的购物会更加随意轻松,客户购买产品基本不会受到时间和空间的限制。同时,LBS让客户可以更精确地搜索,更便利地获取信息。只要有智能手机等移动设备在手,客户就可以随时随地通过网络浏览产品并进行比价,最后下单支付,完成购物。

### 2. 更具个性化

移动设备（如智能手机等）独有的价值之一在于其具有个人生活工具和信息传播媒介两方面的属性。相比传统信息传播媒介形态,智能手机更加能够显示其私人所有的特性,基本上是一台手机对应一个客户，而且多数客户手机24小时不离身。手机网民几乎无时无刻不在对外界发布自己的个人信息。

### 3. 上网时间碎片化

客户基本都随身携带手机，常常会在上班和下班的路上使用手机，甚至在睡觉之前等碎片化时间里也会在手机上进行页面浏览、产品比价、迅速下单、社会化推荐、收藏产品等活动，因此其消费呈现碎片化的特征。

 **课堂讨论**

结合自己的购物特点，分析移动电子商务环境下客户的消费特征。

## 8.1.2 客户关系管理的特点

在移动电子商务环境下，企业的客户关系管理以信息技术、网络技术为条件，既根植于传统环境，又在新环境下形成了新的特点。

### 1. 客户被动性转变为客户主动性

积极寻求企业及其产品的多方面供应信息，了解市场的供求情况、行情价格，是客户降低消费风险、提高购买满意度的必然选择。在移动电子商务环境中，网络信息内容的丰富性、传输的快捷性，使传统企业主动送达企业信息转变为客户主动搜寻、获取信息，客户关系中的客户被动性转变为客户主动性，这有利于提高客户对自己选定企业的满意度。因此，在移动电子商务环境中，现代企业应加强自己的信息网站和信息平台建设，增强企业对客户的吸引力。

### 2. 突破了空间与时间限制

传统客户关系管理往往受空间、时间的限制，使得企业的客户关系管理被限定在一个狭小的地理空间范围内，企业与客户的沟通也存在时间不同步的问题。而在移动电子商务环境中，网络信息的发布、传播对客户的影响已经突破了空间与时间的限制，只要在有网络的地方，企业的信息就会被客户接收到，不受空间、时间的限制，企业可以随时随地实现信息的传播。显然，移动电子商务环境中的客户关系管理在空间和时间上更具灵活性，增大了客户的影响范围和辐射作用，方便了客户的信息获取，提高了客户的满意度，有利于客户关系的改善。

### 3. 互动性明显

在移动电子商务环境中构建的发达的网络环境，其显著特征之一就是网络信息平台具有强大的互动功能。企业与客户可以通过网络进行即时的信息交流，这显然较传统的客户交流方式更加方便、快捷，提高了信息交流的频率和交流量，便于客户与企业之间实现信息对称。首先，即时的信息交流有利于增进企业与客户的互信，提高他们之间的融洽度和关系度。其次，在从企业的市场调研、产品设计，到产品制造、质量监控、包装设计、销售管理、售后服务等产品经营的全过程中，企业与客户进行的大量交流，大大提高了企业生产管理的客户参与度，从而大大提高了客户的满意度。

### 4. 降低了成本

在移动电子商务环境中，客户关系管理可以不进行人工的市场调研、市场信息收集，这省去了很多传统的广告信息传播成本。一方面，传统的费时、费力、费钱的营销方式不再存在，取而代之的是高效率的网络营销活动；另一方面，市场营销也不再仅仅体现为企业的主动性，而更多地体现为客户的需求性和主动性，这种双方相互了解、渴望获取对方信息的愿望契合，无疑也提高了企业与客户交流的效率，降低了企业客户关系管理的成本。

## 8.1.3 客户关系管理的内容

在移动电子商务环境中，客户希望通过网络加强与企业沟通的愿望越来越强烈。企业的市场开拓和销售业绩的增长，往往与满足客户的这种沟通需求密切相关。但是在移动电子商务环境中，很多企业往往没有充分利用网络与客户进行有效的沟通。例如，一些企业网站信息陈旧，不能反映企业的变化；一些企业没有对网络互动引起足够的重视，致使与客户交流不够，甚至停留在被动地接受客户咨询的层面。因此，在移动电子商务环境中，企业需要理顺与客户的关系，加强客户关系管理。当前，从协调客户关系出发，企业进行客户关系管理的具体内容应当包括以下几个方面。

### 1. 确定客户范围

要做好客户关系管理，基本前提就是找出客户关系管理的对象，也就是找出哪些是企业的现实客户、潜在客户。在企业营销实践中，购买过企业产品的客户是现实客户；给企业提过意见、对企业感兴趣、关注企业的人则是企业的潜在客户，他们在一定条件下有可能转化为现实客户。

### 2. 做好客户分析

客户分析是在客户关系管理中了解客户需求的重要一步。要针对不同类型的客户进行分析，如对个人客户、企业客户、批发商、代理商、供应商等不同类型的客户进行需求分析，并分析他们对企业发展会有什么影响，从中找出哪些因素有利于降低企业的成本，哪些因素有利于提高企业的效益，哪些因素对企业发展有利，哪些因素对企业的长远发展有利等，企业需要进行分类归纳，然后对不同对象采取不同的客户关系管理策略。

### 3. 找出关键客户

一般来说，企业的关键客户是企业利润的主要来源，因此企业必须在客户分析的基础上找出关键客户。这些关键客户或是其主要业务与企业互补，形成完全意义上的供需关系；或是与企业之间的业务量大；或是在双方供需业务中消耗的交易成本低等。只有找出关键客户，企业才能做好客户关系管理。企业应从提升企业的美誉度出发，采取相应的客户关系管理策略。

### 4. 善待现有客户

企业有了客户，就要保持好现有的客户关系，采取日常维护等措施留住客户。因此，对于现有的客户关系，企业要通过日常沟通、经常性的信息互动、有效的营销、良好的售后服务来强化他们与企业的联系，提高他们的忠诚度。在移动电子商务环境中，企业可以通过移动App、微信公众号等互动平台加强客户服务，增强对现有客户的服务能力。企业要善待现有客户，通过实现他们的忠诚来提高他们的消费频率，依靠他们来实施企业品牌的人际传播，扩大企业的影响。

### 5. 加强客户市场调研分析

传统的客户市场调研分析往往采用人工抽样调查、统计的方式，这些方式样本布点少、效率低，且存在一定的偏差，尤其是由于调查、统计的周期长，分析结果往往时效性差。因此，在移动电子商务环境中，企业应当充分利用网络搜索引擎功能、数据统计功能，充分借助信息技术进行客户市场调研分析，以增强客户关系管理的动态性、针对性。

### 6. 客户关系管理的软件化

传统的客户关系管理以面对面交流居多，在移动电子商务环境中，网络交流已经在大多数情况下代替了面对面交流，但还是存在信息交流上的障碍及信息管理规范化上的问题。因此，在移动电子商务环境中，企业应当通过专用软件保持与客户的规范、便捷沟通，如建立留言簿，应用电子邮件、QQ等软件促进与客户的沟通，通过运用采购系统软件、物流管理软件、网络支付软件、销售软件、客户关系管理软件等，加强企业客户关系管理中的自动化，提高客户关系管理的便捷性和规范性。

### 7. 重视客户售后服务

客户售后服务由客服、企业区域经理和企业总部完成。在移动电子商务环境中，客户售后服务是客户关系管理的重要内容，企业应该设置呼叫中心，建立客户信息库等。

 课堂讨论

企业应如何结合移动电子商务的特点来开展客户关系管理工作？

# 8.2　移动电子商务客户信息管理

## 8.2.1　获取客户的方式

在移动互联网时代，移动传播载体发展迅速。目前，移动端已经成为主战场。腾讯、阿里巴巴、百度、今日头条和快手占据我国大部分移动互联网市场。而如何尽最大的可能获取潜在客户，是所有移动电子商务企业都必须面对和解决的现实问题。以下为现阶段各移动电子商务企业常用的获取客户的方式。

### 1. QQ群及微信群广告

截至2020年6月，腾讯系应用在移动大盘的渗透率达98.7%，这意味着多数人在使用移动端应用时，有近一半的时间停留在腾讯系应用（QQ和微信两大主流应用）上。如果在这两个应用上广告投放得当，企业无疑能快速获取更多的目标客户。

操作方式：分析目标客户人群，有针对性地加入一些QQ群和微信群，并在适当的时候投放产品广告；或直接在已加入的同学群、老乡群、工作群或兴趣群里进行广告投放。

优点：经济成本低、耗时短、操作方便，且可迅速触达客户。

缺点：客户数量有限、可持续性不强、难以摆脱营销标签。

### 2. 微信朋友圈九宫格广告

当微信成为主流的沟通工具后，微信朋友圈也逐步发展成为人们日常情感交流和彼此了解的主要平台。将广告打得巧妙而又有趣是一门艺术，九宫格广告的出现，正好同时满足了这两个要求。

操作方式：朋友圈九宫格广告主要有切图和组图两种方式，如果采用切图方式，可通过修图软件，将一张带有营销性质的图片切割为9张，然后发布到朋友圈就可以了；如果采用组图方式，则需要事先构思好组图内容，然后用9张图组成九宫格，如图8-1所示。

优点：巧妙的格局让内容变得更有趣，使目标客户潜移默化地接受广告信息而不产生反感的情绪。

缺点：局限性较强，对创新的要求较高。

图8-1　微信朋友圈九宫格广告

### 3. H5页面

与平常的网页相比，H5页面具有多种展现方式，如图8-2所示。其丰富的动画、可交互性、跨平台传播的特性，都是移动电子商务推广营销过程中的利器，可以最大化地提高客户的活跃度和忠

图8-2　H5页面

诚度。以H5小游戏为例，它是一种基于微信平台的动态页面，充分利用人们的挑战心、胜负欲和成就感来达到传播的目的。

操作模式：通过微信公众号群发内容，如图文、软文、小游戏等，吸引用户的注意，促使客户在朋友圈的转发等，从而实现内容的传播。

优点：开发技术较简单，研发周期短，触达客户成本低，能在一定范围内获取目标客户。

缺点：软件运行受网络环境影响，应用性能差，客户重复使用难度大，客户黏性低。

### 4. 直播

艾媒咨询发布的《2021Q3中国在线直播行业研究报告》数据显示，我国在线直播用户规模保持连续增长态势，预计2022年在线直播用户规模将达到6.6亿人。随着直播的内容表达形式逐渐被更多人接受，直播的渗透率不断加深。另外，更多内容形态的出现也有助于在线直播行业吸引到更广泛的用户群体。

操作方式：做好直播策划方案，在选好的直播平台中，根据方案开播，同时也可以提前在微信、微博等平台进行宣传。

优点：经济成本低，内容目的明确，能迅速触达客户。

缺点：客户量影响直播销售效果，客户停留时间不可控，转化率不可控，直播内容需要不断调整。

### 5. 短视频

短视频的迅速兴起和发展，首先在于它的传播方式极好地适应了当代人碎片化的生活方式。其次，短视频制作的低门槛也让更多人参与其中，许多短视频的观看者同时也是短视频的制作者。另外，社交属性也为短视频带来了较大的热度。

操作方式：分析目标人群，设计短视频内容，投放到相应的短视频平台。

优点：制作经济成本低，内容目的明确，能迅速触达客户。

缺点：点击量不可控，客户喜好不可控，需要一定的推广技术。

在移动互联网时代，企业通过QQ、微博、微信、直播、短视频等方式可以获得越来越多的客户数据，部分数据有一定的价值，但数据量非常庞大，且收集的数据本身也可能存在缺陷，往往与需求存在一定的差距。因此，为了得到更为准确和丰富的数据，企业有必要对数据进行进一步的加工与整理。

## 8.2.2 客户数据的分析

成功地把一个访客转化成客户之后，如何提高这个客户的忠诚度，继而增加这个客户的整体贡献值就变得非常重要了，因为找到一个新客户的成本是维护一个老客户的成本的3～5倍。只有有效地提高每个客户的消费额，才能快速提高企业的整体收入。

在客户库中，有些客户是我们必须要保留的，而有些客户的价值是相对有限的，我们需要对客户进行分级管理。客户分级金字塔如图8-3所示。为最有价值的客户提供最优质的服务，提高他们的忠诚度，是移动电子商务企业长足发展的基础。

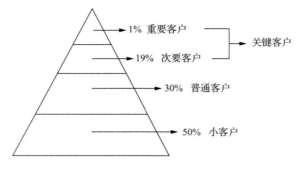

图8-3 客户分级金字塔

客户分级管理是指企业在依据客户所带来价值的多少对客户进行分级的基础上，为不同级别的客户设计不同的关怀项目，即区别对待不同贡献的客户。

关键客户是企业的核心客户，一般占企业客户总数的20%，而他们为企业创造了80%的利润，是企业的重点保护对象。关键客户由重要客户和次要客户构成。

在进行客户分级管理时，企业要做好以下3个方面的工作。

① 集中优势资源服务于关键客户；通过沟通和感情交流，深化双方的关系；成立为关键客户服务的专门机构。

② 对有升级潜力的普通客户，努力培养其成为关键客户；对没有升级潜力的普通客户，减少服务，降低成本。

③ 对有升级潜力的小客户，争取培养其成为普通客户甚至是关键客户；对没有升级潜力的小客户，可提高服务价格、降低服务成本；淘汰劣质客户。

## 8.2.3 提高客户黏性的方法

通过数据分析，我们可以提高客户黏性，也就是延长客户的平均停留时间，提高客户的活跃度，降低客户的流失率。

### 1. 延长客户的平均停留时间

客户的停留时间越长，其越有可能发现可以购买的商品和感兴趣的内容，从而成为重复消费客户。我们可以根据客户的浏览历史记录、购买记录进行商品的选择分析，并根据客户的喜好为其推荐商品。

### 2. 提高客户的活跃度

平均访问次数、平均停留时间、平均访问深度是客户活跃度的关键指标，当我们能够成功提高平均访问次数、平均停留时间和平均访问深度这3个指标数据后，客户的活跃度自然就提高了。

### 3. 降低客户的流失率

对于通过数据挖掘得到的潜在流失客户名单，运营经理或者总监可以设定一个"挽留体系"，尽可能留住需要的客户。

要想留住客户，我们需要更懂客户。个性化推荐系统的最大优点在于它能够收集客户特征资料，并根据客户特征（如兴趣偏好等）主动为客户做出个性化的推荐。在还没有一个完善的定制化系统时，我们可以从局部出发改善运营。例如，我们可以在运营中从以下方面入手。

① 如何找出热门商品。找出热门商品的一个重要目标是让这件商品带动整个店铺的销售。我们可以从每天、每周和每月的销售记录中很容易地将其找出来。

② 如何提高客单价。客单价是平均每位客户购买商品的金额，也就是平均交易金额。提高客单价能够有效提高店铺的整体销售额。这里可以用数据挖掘中的推荐算法。

③ 如何找出潜在的热销商品。我们需要对商品进行分类（这里所说的商品分类不是指商品类型上的分类，而是指商品在销售价值上的深度分类），可以采用数据挖掘中的决策树分类算法。

④ 如何找出匹配的商品。当客户选取了某件商品后，网页的下方会出现根据关联算法算出的推荐商品。这里用到的是数据挖掘中的关联算法。

---

**⤨ 课堂讨论**

假设你计划通过移动电子商务方式销售一款商品，你可以通过什么方式查找客户？你会如何进行客户分级？

# 8.3 移动电子商务客户满意度管理

### 3.3.1 客户满意度的定义

客户满意度理论是"以客户为中心"服务理念的发展。客户满意度是指企业的所有经营活动都要以满足客户的需求为出发点，以提供满足客户需求的商品和服务为企业的责任和义务，以满足客户需求、使客户满意为企业的经营目标。客户满意度 = 客户感知/客户期望。

客户满意度是一家企业的客户感知（服务质量）满足客户期望的程度。当客户感知大于客户期望时，客户满意；当客户感知小于客户期望时，客户就不满意。客户满意度模型如图8-4所示。企业通过服务修复，可以令客户由不满意变为满意。

图8-4 客户满意度模型

### 8.3.2 客户满意度的衡量指标

客户满意是一种心理状态，是一种情感体验。企业应该对这种心理状态进行界定，否则就无法对客户满意度进行评价。心理学家认为情感体验可以按梯级理论划分为若干层次。相应地，企业可以把客户满意度划分为7个级别，分别为很不满意、不满意、不太满意、一般、较满意、满意和很满意，如表8-1所示。

表8-1　客户满意度划分

| 序号 | 满意度 | 特征 | 具体描述 |
|---|---|---|---|
| 1 | 很不满意 | 愤慨、恼怒、投诉、反宣传 | 客户在购买或消费某种商品或服务之后感到愤慨，恼羞成怒，难以容忍，不仅企图找机会投诉，而且会利用一切机会进行反宣传，以发泄心中的不满 |
| 2 | 不满意 | 气愤、烦恼 | 客户在购买或消费某种商品或服务后产生气愤、烦恼心理，但客户尚可忍受，希望通过一定的方式得到弥补，在适当的时候也会进行反宣传，提醒自己的亲友不要购买同样的商品或服务 |
| 3 | 不太满意 | 抱怨、遗憾 | 客户在购买或消费某种商品或服务后产生抱怨、遗憾心理。客户虽心存不满，但想到现实就是这个样子，不能要求过高，于是认了 |
| 4 | 一般 | 无明显正、负情绪 | 客户在购买或消费某种商品或服务的过程中没有形成明显的情绪反差，也就是认为商品或服务既说不上好，也说不上差，还算过得去 |
| 5 | 较满意 | 好感、肯定、赞许 | 客户在购买或消费某种商品或服务时产生好感、肯定和赞许心理。客户内心还算满意，但离更高要求还相去甚远，而与一些更差的情况相比，又令人欣慰 |
| 6 | 满意 | 称心、赞扬、愉快 | 客户在购买或消费某种商品或服务时产生称心、赞扬和愉快心理。客户不仅对自己的选择予以肯定，还会乐于向亲友推荐，客户期望与现实基本相符，客户找不出大的缺憾 |
| 7 | 很满意 | 激动、满足、感谢 | 客户在购买或消费某种商品或服务之后产生激动、满足、感谢心理。客户期望与现实完全相符，客户没有任何遗憾，现实情况甚至还可能大大超出客户期望。这时客户不仅为自己的选择而自豪，还会利用一切机会向亲友宣传、推荐，希望他人都来消费 |

### 8.3.3 提高客户满意度的策略

企业可以用个性化定制提升产品价值、用服务和快捷的物流服务提高客户满意度，用关系维护客户满意度。

#### 1. 用个性化定制提升产品价值

产品价值表现在功能、样式、可靠性等诸多方面。在移动电子商务中，企业除了向客户提供高质量的产品外，还可以发挥网络优势，通过个性化的定制服务在产品的功能、样式上做足文章。传统的大规模生产方式带来的结果是产品种类单一、差异不明显，然而随着生活质量的提高和社会人文意识的不断强化，客户对个性化的产品越来越青睐。大规模定制改变了产品的概念，客户参与设计的产品更能符合客户要求。通过网络，客户可以同生产厂商讨论其实际需要什么样的产品，并且可经由生产厂商的专家改进自己所需的产品。客户参与了产品的设计，有一种参与感、成就感，同时，定制和网络的互动性使企业与客户的关系更密切，服务、质量、营销三者能有机结合。

### 2. 用服务提高客户满意度

在移动电子商务中，企业网站的最大优势是能提供全面的产品信息。客户访问网站的主要目的是对企业的产品和服务进行深入的了解，企业网站的价值就在于可以灵活地向客户展示产品、图片，甚至是多媒体信息，还可以发布一切有利于企业形象、客户服务以及促进销售的企业新闻、产品信息、促销信息、招标信息、合作信息和招聘信息等。企业可建立网上自动服务系统，依据客户的需要，自动、适时地为客户提供优质服务；建立快捷、及时的信息发布系统，使企业的各种信息能及时地传递给客户；建立实时沟通系统，加强与客户在文化和情感上的沟通，并随时搜集、整理、分析客户的意见和建议。

例如，企业可建立"虚拟展厅"，用立体逼真的图像辅以声音等对汽车、服装、住宅等产品进行展示，使客户身临其境，感受产品的存在，对产品的各个方面有一个较为全面的了解。同时，企业应该在展厅中设立不同的产品，并建立相应的导航系统，使客户能快捷地找到自己所需的产品。对于定制化产品，企业可建立虚拟组装室，专门开辟一些空间，使客户能根据自己的需求，对同一产品或不同产品进行组合，从而更好地满足客户的个性化需求。

### 3. 用快捷的物流服务提高客户满意度

在移动电子商务中，企业仅仅提供产品选择的便利是不够的，还要有快捷的物流及时把产品送到客户手中。因此，物流系统的配送中心、运输线路等设施的布局和结构也很重要。为满足客户需要，在移动电子商务中，企业可以为客户提供不同的送货方式和送货时效。

例如，京东为客户提供了多种可选择的送货方式和送货时效。京东于2007年开始自建物流。2017年4月25日，京东物流集团（以下简称京东物流）正式成立。京东物流是我国领先的技术驱动的供应链解决方案及物流服务商，以"技术驱动，引领全球高效流通和可持续发展"为使命，致力于成为全球最值得信赖的供应链基础设施服务商。在2020年，京东物流助力约90%的京东线上零售订单实现当日达和次日达，客户满意度持续领先行业。截至2020年12月31日，京东物流已建立了覆盖超过220个国家及地区的国际线路，拥有32个保税仓及境外仓，并正在打造"双48小时"时效服务，确保在48小时内可以将产品从中国运送至目的地国家及地区，在之后的48小时内，可以将产品配送至当地客户手中。京东物流坚持"体验为本、技术驱动、效率制胜"的核心发展战略，携手社会各界共建全球智能供应链基础网络（GSSC），为客户提供一体化供应链解决方案，为客户提供"有速度，更有温度"的高品质物流服务。这既有助于培养老客户的忠诚度，又有利于吸引新客户，从而扩大京东的客户群。

### 4. 用关系维护客户满意度

互联网使企业促销成为被动行为，而客户则变为主动方，他们通过交互媒体来查询企业信息。因此，企业需要考虑如何吸引新客户，以及如何通过为客户提供有价值的产品和服务来建立与客户之间的关系，从而留住客户。网络购物充满着不确定性。如何保证买到的产品是货真价实的？这家企业的信誉如何？换货、维修等一系列售后问题能否得到妥善解决？这些都是客户必然会考虑的问题。因此，良好的信誉和良好的服务对企业至关重要。企业可以通过免费送货、无条件换货、降低价格等方式，在客户心目中建立良好的印象，进而促进客户连续购买，与客户建立起长期依存的关系。

**课堂讨论**

举例说明你了解的移动电子商务企业或平台是如何提高客户满意度的。

**案例分析**　　　**拼多多为客户提供优质服务，提高客户满意度**

拼多多以"好货不贵"为运营理念，为客户提供补贴折扣、大牌产品、原产地农产品、工厂产品和新品牌产品等。其中，拼多多独创的"百亿补贴"创造了我国电子商务行业活动规模和持续时长的新纪录。拼多多已汇聚 7.313 亿年度活跃客户和 510 万活跃卖家，其年交易额达 14 576 亿元，迅速发展成为我国第二大电子商务平台。拼多多通过移动互联网吸引和影响了非常多的客户，其采取的具体措施主要包括以下几个方面。

1. 赠送小礼物

赠送小礼物是提高客户满意度的有效方式，因为客户不需要花钱就能多得一样东西。在客户问有没有东西送时，卖家都说没有，再默默附上小礼物，出其不意，给他们带来惊喜，许多好评就是这么来的。但需要注意，赠送的小礼物最好要与产品有一定的关联。

2. 在快递单上留下联系提示

因为使用拼多多的人的年龄范围比较广，一些年纪偏大的客户可能在有问题时不懂得主动联系客服，那么卖家就可以在快递单上加上一句"如遇到问题请第一时间联系客服或直接拨打我们的电话……"。这样能提高客户满意度，大大降低客户直接给差评的概率。

3. 特殊客户特殊对待

如遇到一些家里只有老人在或行动不便的客户，卖家就要做好备注，并记下来，在快递单上也要备注好。在派送时，卖家应主动联系派件员，向其说明情况并请求其帮忙配送，再联系客户。即使快递没有送上门，客户知道你做过这件事，也会感到满意的。特殊情况特殊对待、做回访等可以大大提高客户满意度。

4. 随包裹附上别出心裁的感谢信

感谢信并不一定要手写，也不一定要在信中介绍创业历程等，感谢信的内容可以是产品的使用方法等。这样别出心裁的内容，很可能会给客户带来新鲜感，并提高客户满意度。

# 8.4 移动电子商务客户忠诚度管理

## 8.4.1 客户忠诚度的定义

客户忠诚度是指由于质量、价格、服务等诸多因素的影响，客户对某一企业的产品或服务产生感情，形成偏爱并长期重复购买该企业产品或服务的程度。

在移动电子商务中，客户忠诚度会极大地影响企业的经济效益。忠诚的客户能够直接为企业增加收入并扩大其市场份额；忠诚的客户除了会持续购买之外，还会积极向亲友推荐企业的产品和服务，给企业带来更多的客源，节省企业开发新客户的成本；忠诚的客户对企业的信任会慢慢地转化为一种依赖，会主动与企业联系；忠诚的客户由于有交易经验并且熟悉企业的产品，可以为企业节省服务成本；忠诚的客户还会积极地向企业提出产品或服务方面的建议。

## 8.4.2 影响客户忠诚度的因素

随着移动互联网技术的发展，移动电子商务的应用愈加广泛，越来越多的企业开始应用移动电子商务，其中培育客户忠诚度成为企业急需解决的问题。而要培育客户忠诚度，企业首先要了解影响客户忠诚度的因素。客户忠诚度的影响因素综合模型如图8-5所示。

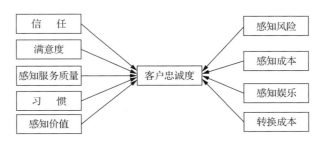

图8-5　客户忠诚度的影响因素综合模型

### 1. 信任

信任是满意、忠诚的基础，对客户满意度、客户忠诚度有显著的影响。客户只有先产生信任，才可能对品牌、产品或服务产生满意、忠诚。

### 2. 满意度

满意是忠诚的基础，客户满意是一个主观的概念，是客户对产品或服务的实际认知水平与期望水平的主观比较。移动电子商务企业要培育客户忠诚度，首先应保持客户满意度。满意的客户会把产品或服务分享给朋友，吸引更多的客户来购买产品或服务，最终使企业获得更多的忠诚客户，而客户满意是客户把令自己满意的产品或服务推荐给其他人的动力。

### 3. 感知服务质量

客户对移动电子商务感知服务质量的好坏将影响其是否选择这类产品或服务，进而影响其主观满意度，并对其忠诚度产生较大的影响。

### 4. 习惯

习惯是影响人的行为的重要因素。人们购买一个产品或选择一种服务，习惯在购买行为或选择行为中扮演着重要角色。习惯对客户忠诚度有显著的影响。

### 5. 感知价值

感知价值是指客户对产品或服务的效用的整体评价，这种评价主要基于客户对所获得的效用和企业提供的效用的感知，是决定产品或服务是否受客户欢迎的重要因素，从而会对客户忠诚度产生显著的影响。

### 6. 感知风险

客户在选择一类应用之前会对这类应用产生的风险进行评估，如果风险过大，客户将放弃对这类应用的使用。客户对移动电子商务应用的选择也是一样，同时客户只有长期重复使用该移动电子商务应用才有可能对其产生忠诚。

### 7. 感知成本

成本是衡量客户付出多少的一个概念。客户对移动电子商务应用的使用，要付出时间、精力或其他多种成本，这些成本的高低主要取决于客户的主观感受。感知成本的高低会影响客户是否使用该移动电子商务应用以及使用的次数，最终影响客户忠诚度。

### 8. 感知娱乐

社会的快速发展使得人们的生活、生存压力越来越大，人们对娱乐的需求也越来越大。移动电子商务应用除具备应有的功能之外，如果能提供其他娱乐功能，将大大提高客户的使用次数与频率，使客户保持较高的忠诚度。

### 9. 转换成本

转换成本指客户在购买一件产品或使用一项服务以取代原有产品或服务的过程中额外支付的费用，包括转移壁垒和学习成本等。例如，在使用移动电子商务应用的过程中，客户从一个应用转换到另一个应用，需要重新下载App或通过浏览器转换到其他应用，这里有一个转移壁垒；不同的移动电子商务应用，其界面功能、内容都不一样，客户要想使用该应用需要付出学习成本。

## 8.4.3　客户忠诚度的衡量指标

客户忠诚度是客户忠诚的量化指标，企业一般可用以下3个主要指标来衡量客户忠诚度。

① 整体的客户满意度：可分为很满意、比较满意、满意、不满意、很不满意。

② 重复购买的概率：可分为70%以上、30%～70%、30%以下。

③ 推荐给他人的可能性：可分为很有可能、有可能、不可能。

## 8.4.4　提高客户忠诚度的策略

在移动电子商务中，客户忠诚是指客户喜欢光顾你的应用，并愿意选择你的应用提供的产品或服务。客户的忠诚主要来自对产品或服务的满意，而一个满意的客户又会带来许多潜在的客户。

### 1. 提供满意的服务以留住客户

满意的服务是一个综合的概念和完整的过程。例如，对订单或售出产品提供跟踪服务就是使客户满意的重要方法。客户在订购产品后一般都希望得到及时和妥善的跟进。在移动电子商务中，人们常说"提供产品发送过程中的信息是比发送产品本身更重要的服务"。由于客户是通过移动网络下单的，所以企业应该用移动网络来跟踪客户的订单，直至产品被送到客户手中。

在实现产品快速发送的同时，企业应对客户询问订单情况的电子邮件做出快速反应，最好在他们提出问题前就给出此类信息，或者给他们提供一个跟踪号码，让客户能随时了解自己订单的情况。

### 2. 寻找并培养特殊的客户群体

每一个移动电子商务企业都经营着特定的产品或服务，换句话说就是都有其特定的消费群体。例如，提供计算机软件的公司，其潜在的消费群体是广大计算机需求者和爱好者。因此，举办关于计算机技术的论坛，或解答客户有关购买、安装计算机软件或硬件的问题，就是挖掘潜在消费群体并培养其客户忠诚度的好方法。

### 3. 注意联络感情以稳定客户

成功地把产品卖给客户并不表示工作已经做好了、做完了，企业还必须努力让客户再次购买其他产品。设法记住每一位客户的名字和需求，并适时通过多种方式（如发邮件等）询问他们所购产品的使用情况并征求其对企业的意见，让客户感受到关心和亲切，都不失为稳定客户的好方法。

课堂讨论

阐述客户满意度和客户忠诚度对企业的重要性。

素养拓展　　**移动电子商务客户信息的保护**

随着信息技术的快速发展，加之电子商务企业具有获取数据的独特优势，掌握了大量客户信息的电子商务企业需要遵守法律法规，不能违法泄露客户信息。电子商务从业人员最易出现的违法犯罪行为是侵犯公民个人信息，即个别电子商务从业人员为追逐不法利益，利用职务之便非法获取公民个人信息，利用网络大肆买卖公民个人信息。电子商务从业人员这些违背职业道德的行为，不仅会严重危害公民信息安全，而且极易引发其他犯罪，成为电信诈骗、网络诈骗等犯罪的根源，甚至会引发绑架、敲诈勒索、暴力追债等犯罪活动，损害人民群众的安全，破坏社会和谐。因此，我国公民，特别是电子商务从业人员在工作生活中要充分认识到保护个人信息的重要性，不要将客户信息随意泄露或非法出售给他人。电子商务从业人员在从业过程中要做到不侵权、不违法，一旦遇到违法犯罪行为，应及时向公安机关反映。